KB112894

생 각 의
그 릇 을
채 우 는
지 혜

일상 속에서 얻는 새로운 깨달음으로 삶의 빛을 찾는다!

생각의 그릇을 채우는 지혜

이호현 지음

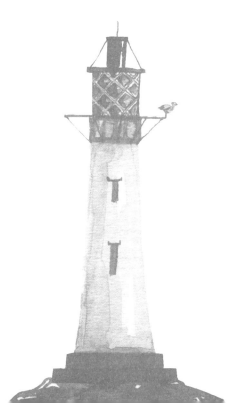

창작시대사

새로운 깨달음으로
생활의 지혜와 교훈을 얻는다

몽테뉴는 이렇게 말했다.

"사람들은 행복과 불행은 모두 운명에 달렸다고 생각한다. 그러나 실제로 운명은 우리들을 행복하게 만들지 않는다. 운명이란 우리들에게 그 기회와 재료와 씨를 제공할 뿐이다."

물질문명이 너무나 급속도로 발전한 우리나라—그래서일까, 우리의 정신적 수준은 물질문명의 변화 속도를 따르지 못하고 있다. 도덕성이 상실되어 가치관이 혼란스러워졌고, 인명 경시 풍조가 만연되어 있으며, 또 개인주의가 팽배해 있고, 돈이면 무엇이든 다 해결할 수 있다는 황금만능주의에 사로잡혀 있는 현실이 안타깝기만 하다.

우리들은 물질적 측면의 향상 못지않게 정신적 측면의 향상에도 노력을 기울여야 한다. 이 책은 물질적 측면보다는 정신적(마음) 측면의 향상을 위한 것이다. 그렇게 함으로써 정신적 수준과 물질적 수준이 불균형적으로 성장함으로써 생기게 되는 여러 가지 사회의 부작용을 없애고, 균형적으로 성장하도록 바로잡고자 한다. 돈이면 다 된다는 배금주의와 물질만능주의를 배격하고 그런 것들보다는 인간성(사람 됨됨이)이 더 중요하다는 것을 깨우쳐 주고자 하는 것이다.

현대사회에 있어서 최대의 화두는 인간성의 회복이다. 아무리 경제가 발전하고 세계화된다고 하여도 인간성이 회복되지 않는다면 우리 사회는 인간들이 살 수 없는 무법천지가 될 것이 자명하다.

이 책은 바로 내 주위에 있는 사람들의 이야기, 바로 내 옆집의 이야기, 우리들 삶의 이야기이다. 그래서 거창하게 철학적인 것을 논하지 않는다. 우리 모두가 알고 있으면서도 잊고 사는 사소한 것들을 다시 한번 일깨워 주고 싶은 것이다.

모순 많고, 결점 많고, 허술한 우리들의 실상을 실화나 우화들을 통하여 새롭게 깨닫게 하고, 두 번 다시 같은 실수를 범하지 않도록 오랜 시간 숙고하여 준비했다. 그러므로 이 책에서는 비록 환상적이고 아름다운 글귀로 독자들을 흥분시킬 수는 없을지라도, 평범한 일상 속에서의 새로운 깨달음을 통히어 생활의 지혜와 교훈을 얻게 되리라고 기대한다.

이 책을 읽음으로써, 눈에 번쩍 뜨이는 '삶의 빛'을 한 가지라도 발견할 수 있다면 수많은 날 동안 번뇌하며 글을 써 온 수고가 물거품처럼 사라지리라 믿는다.

이슬헌

5

CONTENTS

CHAPTER 1
겸손은 가장 획득하기 어려운 미덕이다

CHAPTER 2

진실은 많은 말을 필요로 하지 않는다

CHAPTER 3

내 인생은 나의 것, 내가 운전한다

CHAPTER 4

결국에는 바른 것이 승리한다

CHAPTER 5

인간사회는 보이지 않는 줄로 맺어져 있다

겸손은 가장
획득하기 어려운 미덕이다

자비심과 지혜가 있는 곳에는 누려움도 무지도 없으며,
인내와 겸양이 있는 곳에는 분노도 원한도 없다.
가난과 기쁨이 있는 곳에는 탐욕도 허욕도 없으며,
평화와 명상이 있는 곳에는 불안도 의심도 없다.

– 앗시시의 성 프란시스

악한 마음에서는
악한 행실이 나와 화를 불러들이고,
선한 마음에서는
선한 행실이 나와 복을 불러들인다.

외형의 화려함보다
내면에서 풍기는 인간성을 중시하라

"
사람의 가치를 직접적으로 나타내는 것은 재산도 아니고, 그 행적도 아니고,
그 사람됨(인간성)이다. —아미엘
"

우리는 외형상 화려한 사람(학벌이 좋고, 명예가 높고, 재산이 많은 사람)보다는
인간성(사람 됨됨이)이 있는 사람이 되어야 한다. 외형상 화려한 사람이라
도 인간성이 없으면 아무도 그를 좋아하지 않으나, 외형상 화려하지는 않
아도 인간성이 풍기는 사람은 많은 사람이 좋아한다.

어느 중소기업을 경영하는 사장이 비서 한 명을 뽑기 위하여 지원자들
을 대상으로 면담을 하고 있었다. 사장은 모든 지원자들에게 똑같은 질문
을 던졌다.

"당신이 가장 자랑하고 싶은 것 한 가지만 말해 보세요."

지원자들은 제각기 자신이 남보다 잘났다는 것을 과시라도 하듯이 한

결같이 이렇게 대답하였다.

"저는 예쁜 얼굴과 밝은 성격을 자랑하고 싶습니다."

"저는 남다른 학벌을 자랑하고 싶습니다."

"저는 능숙한 컴퓨터 실력을 자랑하고 싶습니다."

지원자들 모두가 당당했으나, 그 중 한 명만은 담담하게 앉아 있었다. 그녀의 차례가 되자 사장이 그녀를 향해 물었다.

"당신이 가장 자랑하고 싶은 것이 무엇입니까?"

그녀는 나지막한 목소리로 대답했다.

"저는 자랑할 것이 없습니다. 굳이 자랑이라고 한다면 제가 가진 인간성입니다."

면담이 모두 끝나고 지원자들은 각각 자신이 합격되었을 것이라고 자신만만한 표정을 하면서 대기하고 있었다. 그리고 얼마 후 합격자가 발표되었다.

"여러분, 오늘 수고 많이 하셨습니다. 합격자 발표는 이름으로가 아니라 여러분이 자랑했던 것으로 대신하도록 하겠습니다. 인간성! 축하합니다."

누군가 당신에게 "당신이 가진 것 중에서 가장 자랑하고 싶은 것이 무엇입니까?" 하고 묻는다면 당신은 무엇이라고 대답하겠는가?

학벌이 좋다고, 돈이 많다고, 지위가 높다고, 잘 생겼다고, 그렇게 대답할지도 모른다. 그러나 당신에게 이렇게 대답하기를 간절히 바란다. "내가 가장 자랑하고 싶은 것은 나의 인간성입니다."라고.

사과가 열려야 사과나무이고, 포도가 열려야 포도나무이며, 복숭아가 열려야 복숭아나무가 되는 것처럼 인간에게는 인간성이 있어야 인간이 될 수 있는 것이다.

인간이니까 인간성을 내팽개쳐 가면서까지 돈, 명예, 학벌을 얻으려고 노력한다. 남을 속여서 돈을 번다든가, 교묘하고 간사한 방법을 통하여 명예를 얻으려고 하며, 부정한 방법으로 학벌을 얻으려고 애쓴다.

우리는 인간성이 좋은 사람을 만났다 헤어지면 그 사람을 마음속에 깊이 간직하며, 또 다시 만나고 싶어 한다. 그러나 인간성이 없는 사람을 만났다 헤어지면 지식이 있고 없고, 돈이 있고 없고, 또 권력이 있고 없고를 떠나서 그 사람을 마음속에 간직하지도 않을 뿐더러, 오히려 비웃으며 다시는 그 사람을 만나고 싶어 하지 않는다.

물질적 풍요는
욕망도 희망도 사라지게 한다

> "
>
> 배부르고 따뜻하면 음욕을 생각하게 되고, 주리고 추워야 도심(道心)이 싹트게 된다 ―명심보감
>
> "

등이 따뜻하면 자신도 모르게 스르르 잠이 밀려온다. 이와 마찬가지로 사람도 물질적으로 너무 풍부해지면 자신도 모르는 사이에 게을러지고 무력증에 빠져 버린다.

　어느 화가가 있었다. 이 화가의 가난했던 시절의 그림은 매우 화려하고 풍성했다. 왜냐하면 자신이 가난해서 누릴 수 없었던 것을 그림을 통해서나마 누리기 위해서, 자신이 누리고 싶은 욕망(희망사항)을 화폭에 나타냈기 때문이다.

　시간이 흘러, 그는 국전에서 특선의 영예를 차지했고, 그에 따라 그림 값이 갑자기 오르는 바람에 돈을 많이 벌어 부(富)까지 얻게 되었다.

그런데 명예와 부를 얻고 난 이후부터 그의 그림은 이상하리만큼 발전이 없고 초라해지기까지 했다. 그러나 거기에는 이유가 있었다. 그 화가의 욕망과 희망이 물질적 풍요에 의하여 모두 달아나 버렸기 때문이었다.

물질적 풍요는 인간에게서 희망과 욕망(의욕)을 빼앗아 가 버릴 뿐만 아니라, 정신상태도 해이해지게 만들어 놓는다. 이는 위 화가의 이야기 속에서도 알 수 있을 것이다.

물이 풍부한 곳에 있는 식물의 뿌리를 보면 뿌리가 발달되어 있지 않다. 그 이유는 굳이 뿌리를 발달시키지 않아도 물을 쉽게 구할 수 있기 때문이다. 반대로 땅이 메마른 곳에 있는 식물의 뿌리를 보면 잘 발달되어 있음을 볼 수 있는데, 그것은 부족한 물을 더 많이 구하기 위해서 뿌리를 발달시켰기 때문이다.

우리 인간도 이와 마찬가지이다. 물질적으로 너무 풍부하게 해주면 노력을 하지 않는다. '노력하지 않아도 배부르고, 따뜻하고, 즐거운데 무엇하러 신경 써 가면서까지 노력을 하느냐'고 생각하고 현실에 안주해 버리는 것이다. 또 식물에게 물을 너무 많이 주면 뿌리를 발달시키지 않아 연약한 식물이 되는 것처럼, 사람도 물질적으로 너무 풍부하게만 해주면 자립심이 없어져서 연약한 사람이 되고 만다.

사람은 배가 부르고 등이 따뜻하면 아무런 생각도 하지 않는다. 따라서 편안하고 부족한 것 없이 사는 사람한테서 새로운 아이디어를 기대하기란 바위에서 물이 나오기를 기대하는 것과 마찬가지이다.

사람은 자신이 불편을 느끼고, 절박한 필요성을 느껴야 비로소 무엇인가를 하려고 노력한다. 어두운 밤이 있었기 때문에 전구가 발명될 수 있었으며, 추위가 있었기 때문에 난방기구가 만들어질 수 있었던 것이다.

스위스는 전 국토가 지하자원이 없는 악조건을 가지고 있는 나라 중의 하나이다. 그런데도 세계에서 가장 잘사는 나라가 되어 세계인들의 부러움을 사고 있다. 스위스사람들이 세계에서 가장 잘살게 된 것은, 국토가 갖고 있는 악조건이 오히려 스위스사람들로 하여금 더 열심히 살아가도록 부추겼기 때문이다. 만약 스위스가 지하자원이 풍부한 좋은 조건을 가졌다면 상황은 많이 달라졌을 것이다.

지나친 욕심은
모든 부정의 근원이 된다

뭐든지 부족해도 문제가 되지만 뭐든지 과(過)해도 탈이 난다. 그러므로 적당하다고 생각될 때, 또 조금만 더 했으면 하고 생각될 때 만족하면 아무 탈이 없다.

비가 촉촉이 내린 다음에 해가 비치자 일곱 빛깔 무지개가 찬란하게 나타났다. 이 광경을 보고 있던 한 소년이 가까이 가서 보면 더 아름다울 것이라고 생각하고는 무지개가 있다고 생각되는 곳을 향하여 달려갔다. 그러나 가면 갈수록 무지개는 멀어져만 갔고, 얼마 후 무지개는 사라지고 말았다. 그래서 소년은 매우 허탈해 했고 자신의 어리석음을 깨달았다. 현재의 위치에서 무지개를 보았더라면 많이 보았을 것을, 과욕이 오히려 무지개를 볼 수 있는 기회를 빼앗아 가버리고 말았다는 것이다.

우리 주위에는 자신의 현재의 위치에서 얼마든지 만족을 느낄 수 있음에도 불구하고 미래에는 더 큰 만족이 있을 것이라고 착각을 하고 현재를 희생하는 어리석은 사람들이 많이 있다.

자신의 인생을 살아가는 데 있어서 충분한 재산이 있음에도 불구하고 그것에 만족을 하지 못하고 계속해서 현재를 희생시키면서까지 재산을 모으려는 사람, 또 지나치게 권좌에 오르려는 사람이 바로 그런 사람들이다. 그러나 욕심은 욕심일 뿐이며 욕심이 가져다주는 것이란 삶을 고되게 만들 뿐 아무런 만족도 가져다주지 않는다.

우리에게 스트레스를 쌓이게 하고 평화롭게 생활하지 못하도록 방해하는 주범은 바로 '지나친 욕심'이다. 이 지나친 욕심은 우리의 생활을 안정시켜 주는 것이 아니라 많은 번민을 가져다주며, 결코 인간을 행복하고 평화롭게 생활하도록 방조하지 않는다. 적당한 욕심이 생활에 활력을 불어넣어 주는 반면, 지나친 욕심은 모든 부정의 근원이 되기도 한다. 그러므로 지나친 욕심보다는 적은 것에도 만족하는 마음을 가지는 것이 부정을 물리치고 떳떳한 인생을 살아가는 방법인 것이다.

마음에 있지 않으면
보아도 보이지 않는다

"

마음에 있지 않으면 보아도 보이지 않고, 들어도 들리지 않고, 먹어도 그 맛
을 모른다. 이리하여 몸을 닦는 것은 마음을 바로잡는 데 있다고 이르는 것이
다.―대학

"

마음은 모든 행동의 지배자인 동시에 통치자이다. 그러므로 마음을 제대
로 다스리는 일이야말로 모든 행동을 잘 다스리는 것과 같으며, 마음을
어떻게 다스리느냐에 따라서 모든 행동이 좌우되는 것이다.

　홀로 되신 할아버지가 계셨다. 어느 날 할아버지는 밤에 잠이 오지 않
는다고 하면서 아들에게 수면제를 사다 달라고 하였다. 이 부탁을 받은
아들은 수면제를 복용하면 몸에 해롭다고 하면서 사다 주지 않았다. 그래
도 계속해서 수면제를 사다 달라는 아버지의 요구에 아들은 수면제를 사
다 주지 않을 수가 없었다.
　하지만 수면제가 중독성이 있고, 또 몸에 해롭다는 것을 잘 알고 있었

던 아들은, 몸에 해롭지 않으면서도 수면제를 대체시킬 수 있는 방안을 모색하였다. 궁리 끝에 아들은 수면제 대신 영양제를 수면제라고 하면서 밤마다 한 알씩 드렸다. 그러자 영양제를 수면제로 알고 드신 할아버지는 밤새 코를 드르렁 드르렁 골면서 잘 주무셨다.

영양제를 수면제로 알고 드시고서는, 밤마다 잘도 주무시던 할아버지는 몇 달이 지나자 또 잠이 오지 않는다고 하면서 다른 수면제를 사다 달라고 요구하였다. 그래서 아들은 다시 대체 방안을 생각하였고, 그 대체 방안으로 초코볼을 약 종이에 싸서 드리면서 저녁마다 한 알씩 드시게 했다 그랬더니 이번에도 코를 드르렁 드르렁 골면서 잘도 주무시는 것이었다.

잠이라는 것도 결국 자기 자신이 잘 수 있다고 마음을 다스리게 되면 스스로 밀려오는 것이다. 그러나 수면제를 먹지 않으면 잠을 잘 수 없다고 마음을 다스리게 되면 수면제를 먹어야만 잠이 밀려오는 것이다.

이처럼 마음을 어떻게 다스리느냐에 따라서 행동도 결정된다. 마음을 잘 다스리는 일이야말로 평온을 찾는 유일한 길이며, 마음을 잘 다스릴 때만이 비로소 천국에서 쉴 수 있다.

마음을 잘 다스리게 되면 그에 따라 행동도 절제를 하기 때문에 마음의 평온은 저절로 이루어진다. 하지만 마음을 제대로 다스리지 못하면 쓸데없는 마음의 독(보잘 것 없는 하찮은 일들에 대한 근심 걱정, 지나친 욕심, 허황된 꿈, 과거에 대한 후회, 미래에 대한 불안감, 방종 등등)에 휘말리게 되어 마음의 평온을 찾을 수가 없게 된다.

그런데 중요한 사실은 위와 같은 마음의 독은 원래부터 있었던 것이 아니라, 자기 자신이 평소에 마음을 수양해 놓지 않았기 때문에 자초하였다는 것이다.

마음의 평온을 찾기 위해서는 위와 같은 독들을 마음으로부터 몰아내야만 하며, 마음의 독을 제거하지 못하는 한 마음의 평온은 절대 찾을 수 없다. 그러면 위와 같은 마음의 독들을 어떻게 마음으로부터 몰아 낼 수 있는가? 그 유일한 방법은 늘 마음을 수양하는 것이다.

겉으로 드러난 이름은 가치가 없다

> "
> 이 세상에서 아름다운 감정을 모두 합친 것일지라도, 단 하나의 귀중한 행동 보다 못하다는 것은 모든 사람이 본능적으로 느끼고 있다. —J. R. 로우얼
> "

사람들의 가슴속에 영원히 기억되게 하기 위한 방법은 말보다는 행동에 의해서 해야 한다. 즉, 가식과 목적이라는 불순물이 끼지 않은 진실한 행동을 할 때만이 고인이 되더라도 사람들의 가슴 속에 영원히 기억되는 것이다.

'사람은 죽어서 이름을 남겨야 하고, 호랑이는 죽어서 가죽을 남겨야 한다.'는 말을 늘 되뇌고 다니던 바보스런 사람이 한 명 있었는데, 어느 날인가부터 그는 분필로 담벼락이나 돌 등에 자신의 이름을 써 놓고 다니기 시작했다. 땅바닥에도 이름을 크게 써 놓았다. 이렇게 이름을 사방에 써놓은 바보스런 그 사람은 이제는 자신이 죽더라도 이름 석 자는 남는다고

생각하고 동네 사람들에게 자랑을 하고 다녔다. 이러한 행동을 보고 있던 동네 사람들은 그를 정신 나간 사람이라고 하면서 상대도 해주지 않았다.

그러던 어느 날 비가 내렸다. 비가 내리자 그가 땅바닥, 바위 등에 써 놓았던 이름은 모두 지워져 버렸고, 담벼락에 써 놓았던 이름도 페인트칠을 다시 하자 지워져 버렸다. 그런데도 바보스런 그 사람은 다시 이름을 쓰고 다니기 시작하였다. 헛수고라는 사실을 까맣게 잊은 채.

우리는 주위에서 이 우화에 나오는 사람처럼 행동하는 사람들을 볼 수 있다. 자신의 이름 석 자를 새겨 놓기 위하여 온갖 수단을 다 동원한다.

고아원이나 양로원 등에 물건을 기증하고 그 밑에 이름을 새겨 놓고, 화환을 갖다 놓고 기다란 리본에 이름 석 자를 크게 써 놓으며, 각종 비(碑)를 세울 때도 자신의 이름을 새겨 놓는다. 모두가 위장된 모습으로 자신의 이름 석 자를 알리기 위해서 애를 쓰는 것이다.

그러나 겉으로 드러난 이름은 가치가 없다. 그것은 피상적이고 위선적인 행동이기 때문에 오히려 자신을 더 욕되게 만든다. 그리고 이미 써 놓은 이름 석 자 속에는 목적이라는 불순물이 끼어있기 때문에 모든 이들이 불쾌한 감정을 가지게 된다. 고인이 되더라도 이름 석 자를 영원히 기억되게 하기 위해서는 사람의 가슴 속에 새겨 두어야 한다. 그런데 사람의 가슴속에 이름 석 자를 새겨 두는 방법은 오직 인간을 사랑하고자 하는 '진실한 행동'에 의해서만 가능한 일이다.

진정한 가치를 알아야
올바른 평가를 할 수 있다

"

사람의 가치는 타인과는 관련으로서만 측정될 수 있다. —니체

"

어떤 사람에 대한 가치는 그 가치를 아는 사람만이 인정해 준다. 따라서 자신의 능력이 아무리 훌륭하다고 하더라고 그 진정한 가치를 모르면 상대방은 꿈에도 생각해 주지 않는다.

호랑이가 나이가 들어 죽을 때가 가까워졌다. 죽을 날이 점점 가까워져 오자, 호랑이는 유난히도 목욕을 자주하면서 털을 깨끗이 하였다. 이상하게 여긴 새끼호랑이들이 물었다.

"엄마, 죽으면 그만인데 왜 그렇게 털을 깨끗이 하세요?"

그러자 엄마호랑이는 이렇게 대답해 주었다.

"음, 내가 죽은 뒤에 내 털을 사람들이 이용하게 하기 위해서 그러는

거란다."

호랑이는 털을 깨끗이 단장한 채 죽어서 길바닥에 누워 있었다. 그러나 죽어서 길바닥에 누워있는 호랑이를 본 사람들은 피해 가거나 발로 툭툭 차면서 호랑이 털을 더럽혔을 뿐 아무도 호랑이의 털에 대하여 관심을 가져주지 않았다. 결국 사람들은 호랑이를 땅속에 묻어 버렸다.

호랑이 털이 좋다고는 하지만, 그 털의 가치를 모르는 사람들은 한낱 거추장스럽고 지저분한 털로밖에는 보지 않는다. 이처럼 아무리 귀한 것이라 할지라도 그 사용 가치나 진가를 모르면 보잘 것 없는 것으로 취급해 버린다.

남이 나의 진심을 알아주지 않는다고 해도 섭섭해 할 필요가 없다. 어떤 사람의 가치에 대한 진정한 평가는 그 사람의 진가를 아는 사람만이 올바르게 평가해 주기 때문이다.

다이아몬드라고 해서 모든 사람이 귀중하게 여겨주는 것이 아니다. 다이아몬드도 결국은 그 가치를 아는 사람만이 소중하게 여겨 주는 것이며, 어린아이한테 주게 되면 그 어린아이에게는 차라리 사탕 한 개를 준 것보다도 못한 것이 된다.

이처럼 어떤 사람에 대한 진가는 그 진가를 아는 사람만이 소중하게 여겨주는 것이다.

시기심을 나타냄은
자기 자신에 대한 모욕이다

"

세상 사람들은 나보다 나은 사람을 싫어하고, 나에게 아첨하는 자를 좋아한다. ―류빈― 그러나 시기심을 나타냄은 자기 자신에 대한 모욕이고, ―Y. 예프투셴코 ―가장 천하고 보잘 것 없다고 믿어지는 사람들이 대개는 가장 야심적이고 시기심이 강하다. ―스피노자

"

남의 능력을 따라잡을 때, 자신의 능력을 향상시켜서 따라잡으려고 하기보다는, 남을 잘못되게 하거나 제거함으로써 따라잡으려고 하는 사람들이 있다.

해와 달에게 물었다.

"너희가 소망하는 것이 무엇이냐?"

먼저 해가 말했다.

"계속해서 낮만 지속되었으면 좋겠습니다. 그러면 달이 보이지 않아서 내가 독보적인 존재가 되거든요."

그러자 이번에는 달이 말했다.

"계속해서 밤만 지속되었으면 좋겠습니다. 그러면 제가 하늘의 왕자로 군림할 수 있거든요."

자신보다 우월한 존재가 있으면 그 우월함을 따라잡기 위해서 안간힘을 쓰는데, 그 방법에 있어서 비열한 방법이 종종 등장한다.

자기 자신의 능력을 향상시켜서 정정당당하게 따라 잡기보다는 상대방의 존재 그 자체를 부정함으로써 자신이 상대방보다 우월해지려고 하는 것이다. 그래서 상대방을 시기하고, 미워하고, 잘못되기를 바라고, 아예 세상에서 사라지기를 바란다.

그러나 위와 같은 방법보다는 정정당당하게 실력을 향상시킴으로써 상대방보다 우월해지려고 노력하여야 한다. 다시 말해서 상대방의 존재 자체를 부정하여 상대방보다 나아지려고 하기보다는 상대방의 존재 자체를 인정한 상태에서 상대방보다 나아져야 한다. 이렇게 해서 상대방보다 나아질 때 비로소 진정한 승자이며, 상대방의 존재를 부정함으로써 상대방보다 나아지는 것은 오히려 패자에 불과하다.

자신이 떳떳하면 상대방의 존재에는 신경을 쓰지 않는다. 그러나 자신이 변변치 못하면 상대방의 존재 자체를 두려워하고, 시기와 실투를 일삼는다.

남을 시기하고 질투하는 그 자체가 자신이 상대방보다 못하다는 것을 스스로 시인하는 결과를 낳는다. 자신보다 못하다고 생각되는 사람을 시기하고 질투를 하는 적은 없기 때문이다.

아름다움은 겉치레에 의해서
만들어지지 않는다

"

아름다운 것! 그것은 마음의 눈으로 보여지는 미(美)이다. —쥬베르

"

가장 아름다운 사람은 남이 보는 앞에서만 아름다움을 가꾸는 사람이 아니라, 남이 보지 않는 곳에서도 정성을 다해 아름다움을 가꾸는 사람이다.

한 목사님이 하셨던 말씀이 생각난다.

"내가 설교를 할 때마다 남다르게 깨끗하고 단정하게 옷을 차려입고 나오는 아가씨가 있었다. 그런 탓에 설교할 때마다 나의 시선은 나도 모르게 그 아가씨에게로 가곤 하였다. 그러면서 나는 '저 아가씨는 자기가 살고 있는 집안도 옷차림처럼 깨끗이 정돈해 놓고 살 것이다'는 생각을 하게 되었고, 언제 시간이 나면 그 아가씨의 집을 방문해 보아야겠다고

마음먹었다.

　그러던 어느 날 나는 전도하러 나갔다가 돌아오는 길에 시간 여유가 있어서 예고 없이 그 아가씨의 집을 방문했다. 그런데 나는 그 아가씨의 방을 보는 순간 너무나도 실망했다. 방안은 한 마디로 아수라장이었다. 옷은 빨지도 않은 채 구석구석에 널려져 있었고, 밥상은 치우지도 않은 채였으며, 물건은 제대로 놓여 있는 것이 하나도 없었다. 또 아가씨의 옷차림은 교회에 나올 때와는 정반대였다. 그래서인지 그 아가씨는 어쩔 줄을 몰라 했다.

　그 후부터 나는 그 아가씨가 아무리 깨끗한 옷차림을 하고 나와도 결코 좋아 보이지가 않았다. 그 아가씨는 외출할 때만 옷을 깨끗하게 차려 입고 나오는 것이라고 생각하니까 오히려 추해보이기까지 하였다."

우리는 주위에서 이런 광경을 많이 볼 수 있다. 외출하지 않는 날은 하루 종일 세수도 하지 않고 있는가 하면, 옷차림도 잠옷 바람 또는 속옷 바람으로 있다.

　집안 식구들만 있을 때는 그래도 괜찮다. 남이 찾아왔는데도 불구하고 위와 같은 모습을 하고 있는 경우를 볼 수가 있다. 이러한 보습은 자기 자신의 품위를 떨어뜨림은 물론 상대방을 무시하는 결과를 낳는다.

　아무리 친한 친구나, 아무리 가까운 친척이 왔다고 해도 한 집안 사람이 아닌 한 세수를 해야 하는 것은 기본이고, 외출복은 아닐지라도 깨끗한 옷차림으로 맞이해야 한다. 이렇게 하는 것은 자신의 인격을 세우는 일도 되지만 상대방에 대한 최소한의 예의인 것이다.

그리고 남의 집을 방문하는 경우에도 아무리 가까운 이웃이고 친한 친구 사이일지라도 세수도 하지 않고, 또 잠옷이나 실내복 차람으로 가서는 절대 안 된다. 가깝고 친한 사이일수록 예의는 더욱더 지켜주어야 한다.

생김새가 예쁘다고 해서 다 아름다운 것은 아니다. 외출을 할 때나 집에 있을 때나 또 주위의 시선에 개의치 않고 항상 아름다움을 가꾸는 사람이 세상에서 가장 아름다운 사람인 것이다. 그리고 아름다움은 결코 외관상의 겉치레에 의하여 만들어지는 것이 아니다.

입과 혀는
화와 근심의 근본이다

<blockquote>
"

한 발을 한 번 헛디디면 금방 일어설 수 있으나, 한 번 헛나온 말은 아마도 결코 되찾을 수 없을 것이다.—T. 풀러

"
</blockquote>

말은 날카로운 칼이나 뾰족한 창과 같은 무기를 가지고 있지 않다. 그럼에도 불구하고 잔인한 말 한마디는 날카로운 칼이나 뾰족한 창보다도 더무서운 무기로 변할 때가 있다. 반대로 부드러운 말 한마디는 살인을 면하게도 해준다.

철학자 키에르케고르의 애화 가운데 다음과 같은 것이 있다.

한 만담가가 극장에서 공연을 하고 있었다. 그는 유창한 말솜씨와 위트로 극장 안에 있던 온 청중을 사로잡으며 극장을 웃음의 도가니로 만들어 버렸다. 그때 갑자기 사고로 인하여 극장의 천정에 불이 났다. 이 불을 처음 발견한 만담가는 만담을 중지하고 청중을 향하여 "불이야!" 하고

소리를 쳤다. 그러나 만담가의 외침을 들은 청중들은 아무도 믿지를 않았고, 오히려 더욱더 재미있다는 듯 손뼉을 치며 환호했다. 만담가의 안타까운 구원의 소리는 오로지 만담의 일부가 되어버린 것이다. 결국 불은 계속 번져 극장을 모두 태우고 말았으며, 청중들은 미처 불길을 피하지 못한 채 불 속에 갇혀버리고 말았다.

농담과 진담을 구분해서 말하지 않으면 진담이 농담으로, 농담이 진담으로 변해버린다.

우리는 눈을 뜨는 순간부터 말을 하면서 살아간다. 그래서인지 우리는 말의 중요성을 인식하지 못한 채 생활한다. 마치 우리가 공기나 물의 중요성을 인식하지 못하듯이 말이다.

인간행동에서 가장 중요한 것은 '말[言]'이다. 말은 곧 내심(內心)의 표현이며, 말을 했을 때(그 말이 진심인지 거짓인지는 제쳐두고) 우리는 그 사람이 어떤 생각을 하고 있는지 비로소 알게 된다.

말은 곧 자신의 속마음을 꺼내서 다른 사람들에게 보이는 것이다. 인간의 마음은 말로 표현하지 않는 한 아무리 우수한 과학 장비를 동원한다 해도 알아내지 못하며, 내심을 알 수 있는 방법은 오로지 발설된 말에 의존할 수밖에 없다. 그리고 나 이외의 사람들은 내가 하는 말을 근거로 해서 나를 평가한다.

말은 일단 입을 떠나면 그때부터는 그 말을 다스릴 수가 없다. 즉, 말이 입 밖으로 나오기 전에는 얼마든지 통제를 할 수가 있으나, 한 번 입 밖으로 흘러나오면 백만의 군사를 통솔하는 자라 하더라도 그 말을 다스릴 수가 없다. 따라서 어떤 말은 평생을 두고 따라다니면서 괴롭히기도 한다.

명심보감에서 군평(君平)이 말하기를, "입과 혀라는 것은 화(禍)와 근심의 근본이요, 몸을 망하게 하는 도끼와 같은 것이니 말을 삼가야 할지니라."고 했다. 이처럼 말의 중요성은 새삼 강조할 필요가 없다.

창은 우리의 육신에 상처를 내지만, 말은 우리의 마음에 상처를 입힌다. 그러므로 어떤 말을 하고자 할 때는 먼저 이 말을 해도 괜찮을 것인가를 충분히 생각한 다음 신중히 해야 한다.

사람의 말 가운데는 옳은 것과 그른 것이 있다. 그 중에서 우리는 옳은 말만 새겨듣고 그른 말은 버려야 한다. 무심코 말을 하다 보면 자기의 진심과는 전혀 다른 말이 나올 수도 있으므로, 상대방이 어떤 말을 했을 때 그것을 100퍼센트 진실로 받아들이는 과오를 범해서는 안 된다. 상황에 따라서 진담인지 농담인지를 구분하여 받아들이는 지혜를 가져야 하며, 농담을 진담으로 받아들여 상대방의 진심을 왜곡하는 바보는 되지 말아야 한다.

말을 하는 사람도 농담이 진담으로 둔갑하는 어정쩡한 말을 해서는 안 된다. 또 상대방과 대화를 할 때는 상대방을 비웃거나, 마음을 상하게 하는 말을 해서도, 남에게 상처를 입겨 줄 수 있는 말을 해서도 안 된다. 말을 하는 사람은 쉽게 말할 수 있으나 그 말을 받아들이는 사람은 날카로운 창을 맞는 것과 같기 때문이다.

말 한 마디로 상대방을 울릴 수도 있고 웃길 수도 있는 것이므로, 속마음이야 어떻든 상대방을 좋게 말해야 하며, 그렇게 하는 것이 화를 피하고, 마음에 근심이 쌓이지 않게 하는 길이다.

좋은 것을 생각해야
좋은 일이 일어난다

"

선악(善惡)과 행복과 불행 그리고 빈부(貧富)는 마음[생각]의 소위(所爲)이
다. —스펜서

"

선한 마음으로 악한 것을 이길 수 있고, 봉사하는 마음으로 인색함을 이
길 수 있으며, 희생하는 마음으로 모진 것을 이길 수 있고, 따뜻한 마음으
로 차디찬 마음을 이길 수 있으며, 사랑하는 마음으로 미워하는 마음을
이길 수 있고, 깨끗한 마음으로 어수선한 마음을 이길 수 있으며, 포근한
마음으로 성내는 것을 이길 수 있고, 진실한 마음으로 거짓을 이길 수가
있다.

시골에서 서울로 올라와 기숙사에서 생활하면서 공부를 하던 학생이
있었다. 그런데 가정 형편이 어려운 탓에 집에서 생활비가 제때제때 오지
를 않았다. 그래서 그는 식권을 사지 못했고 굶게 될 형편이 되었다.

그는 기독교신자였기 때문에 어려움이 있을 때마다 학교 근처에 있는 작은 산속에 들어가 기도를 하곤 하였다. 식권이 떨어져서 굶게 된 그 날도 학생은 자신이 늘 기도하던 산속으로 가서 간절히 기도를 하였다.

"하나님 저에게는 지금 밥을 먹을 수 있는 식권이 없습니다. 그러니 저에게 밥을 먹을 수 있는 식권을 내려 주시옵소서."

그런데 그곳을 우연히 지나치던 같은 기숙사에 있는 친구 두 명이 간절하게 기도하고 있는 그의 모습을 목격했다. 그래서 이들 두 친구는 그 학생을 도와줄 겸 또 놀려줄 겸해서 식권을 사서 그 학생이 오기 전에 그의 책상 위에 올려놓았다.

"하나님 아버지, 감사합니다. 제 기도를 들어 주셨습니다. 감사합니다. 감사합니다."

기도를 마치고 힘없이 방으로 돌아온 그 학생은 책상 위에 있는 식권을 발견하자 감격하여 '감사합니다'를 연발하며 곧장 식당으로 가서 밥을 먹었다.

그 후 그는 책상 위에 놓여 있었던 식권이, 하나님이 주신 것이 아니라 자신의 친구들이 준 사실을 전혀 모른 채, 이 사실을 만나는 사람마다 붙들고 얘기해 주기에 급급했다.

두 친구들이 더 우스운 광경을 보았는데, 그것은 그 학생이 교회에 나가서 이 사실을 가지고 간증을 하는 것이었다.

"여러분, 어려운 일이 있으면 하나님께 기도를 하십시오. 저는 식권이 없어서 하나님께 식권을 달라고 간절히 기도를 한 다음 방으로 돌아와 보니, 하나님이 정말로 식권을 제 책상 위에 갖다 놓으셨습니다. 여러분 기도를 하십시오."

이렇게 열변을 토해 내는 그를 보며 두 친구는 터져 나오는 웃음을 참
느라 애를 먹었다.

'모든 일은 마음먹기에 따라 결정된다'라는 말은, 아무리 생각해도 진리
임에 틀림없다. 세상의 모든 일은 그 자체로서 결정되는 것이 아니고, 마
음을 어떻게 먹느냐에 따라서 비로소 결정되는 것이다.

위의 이야기를 읽고 기독교를 믿는 사람은 하나님은 그 학생의 간절
한 기도를 친구를 통해서 실현케 하셨다고 생각할 것이고, 하나님을 믿지
않는 일반 사람들은 하나의 해프닝에 지나지 않는다고 생각할 것이다. 또
불교를 믿는 사람은 다른 방법으로 생각할 것이다.

떨어지는 가을낙엽을 보고서 대부분의 사람들은 쓸쓸함을 느낀다. 그
러나 반대로 생각을 하면 떨어지는 낙엽을 보고서 쓸쓸함을 느끼기보다
는 새로운 희망을 기대할 수도 있다. 즉 낙엽이 지므로 해서 내년 봄에 새
로운 잎을 볼 수가 있다는 희망을 가질 수 있는 것이다.

또 친구 사이에서는 '야, 자식아' 하면 매우 친하다는 뜻으로 받아들이
고 또한 애교로 받아들여 화를 내지 않는다. 그러나 모르는 사람에게 이
말을 하게 되면 상대방은 굉장한 욕설로 받아들이게 되고, 즉각 보복을
생각한다. 똑 같은 단어인데도 듣는 상대방에 따라서 결과가 달라지는 것
이다.

불길처럼 뜨거워지고,
얼음처럼 식는 것이 사람의 마음이다

"

달면 불길처럼 뜨거워지고, 식으면 얼음처럼 차가워진다. 가만히 있으면 연못처럼 고요해지고, 움직이면 하늘까지 뛰어오른다. 사나운 말처럼 가만히 매어져 있지 않는 것, 이것이 곧 사람의 마음이다. —장자

"

인간의 마음처럼 간사한 것도 없다. 오늘 좋다가도 내일은 싫고, 오늘 기쁘다가도 내일은 우울하고, 오늘 사랑하다가도 내일은 미워하고, 오늘 선(善)을 베풀다가도 내일은 악(惡)을 저지르고, 오늘 웃다가도 내일은 우는 것이 인간의 마음인 것이다.

야한 여자를 지독히도 싫어하는 총각이 있었는데, 그 총각은 야하게 화장한 여자나, 손톱에 새빨간 매니큐어를 칠한 여자를 보면 질색을 했다. 반면 화장도 하지 않고 수수하게 다니는 여자를 보면 호감을 가졌다. 그래서 그 총각은 자신과 결혼할 여자는 절대로 화장을 하지 않는 수수한 여자라야 된다고 늘 생각하였다.

총각은 독실한 기독교 신자로서 교회에 다녔는데, 자신이 다니는 교회에 어느 날인가부터 화장도 하지 않고 머리도 수수하게 하고 다니는 한 아가씨가 있음을 알게 되었다.

이러한 타입의 여자를 좋아하던 그는 그녀에게 관심을 가지기 시작했고, 그녀의 성격이 수수해서 차림새도 덩달아 수수한 것이라고 생각했다. 그래서 총각은 그녀에게 반했고, 끈질기게 구혼을 한 결과 결혼 승낙을 얻어내서 마침내 자신의 이상형인 그 여자와 결혼을 하게 되었다.

그런데 사건은 결혼을 하고나서부터 시작되었다. 이상형이라고 생각했던 그녀는 너무나도 게으른 것이었다. 아침에도 10시가 넘어서야 일어났고, 밖에 나가지 않으면 하루 종일 손과 얼굴에 물 한 방울도 대지를 않았으며, 당연히 머리도 감지 않고 빗지도 않았다. 옷도 아무것이나 입고 자주 갈아입지도 않았다.

아내의 이러한 태도를 보고 그때서야 이 사람은 깨달았다. 아내가 처녀 시절에 수수하게 하고 다녔던 것은 성품이나 본성이 그렇게 수수하고 참해서가 아니라 바로 게을러서 제대로 꾸미지 못했다는 것을.

그는 아내의 게으름에 질려 버리고 말았다. 그리하여 총각 시절에 야한 여자에겐 눈길조차 주지 않았던 그가 이제는 화장도 하지 않은 수수한 여자를 보면 오히려 질리고, 야한 여자를 동경하는 사람으로 변해 버린 것이다.

인간의 마음은 자연의 변화만큼이나 늘 변화하며, 그렇기 때문에 세상의 모든 것은 절대적인 것이 있을 수가 없다. 따라서 순수함이 불결함으로 변할 때도 있고, 미(아름다움)가 추함으로 변할 때도 있다.

또한 미소가 간사함으로 변할 때도 있고, 침묵이 음흉으로 변할 때도 있으며, 진실이 거짓으로 변할 때도 있다.

그리고 화장한 여자를 무조건 나쁘게 볼 필요는 없다. 화장도 부지런한 사람만이 하는 것이다. 수수한 것을 좋아해서 화장하지 않는 여자도 있지만 게을러서 화장하지 않는 여자도 있지만 게을러서 화장하지 않는 여자도 상상 외로 많다는 사실을 화장한 여자를 싫어하는 남자들은 알아야 할 것이다.

선입관은
마음의 그릇을 작게 만든다

"

판단하기 전에 그대의 마음을 비워 선입관을 없게 하라. 마음속에 어떤 생각
이 있든지 그대의 마음속의 자로 재면 잘못 재기 쉽다. 마치 황달병에 걸린 자
는 모든 것이 노랗게 보이는 것과 같다. —필립시드니경

"

마음을 고립시켜서 마음의 그릇을 작게 만드는 것이 바로 선입관이다. 선
입관이라는 고정관념에 사로잡혀 버리면 그릇된 판단을 하기 쉽고, 마음
에는 다른 생각을 받아들일 공간이 없어진다.

오래된 집에서 중년 부부가 살고 있었다. 건물이 오래된지라 모든 시
설이 낡을 대로 낡아 있었고, 수도도 예외는 아니었다. 장마철이 지난 뒤
얼마 안 되어 집안으로 들어오는 수도관이 막혀서 밖에 있는 화장실을 제
외하고는 물이 나오지 않았다. 식사 때가 되어 밥을 지어야 하는데 물이
없어서 부인은 남의 집에 가서 물을 받아다 밥을 지을까, 아니면 화장실
에서 나오는 물로 밥을 지을까 하고 고민을 하였다.

결국 부인은 화장실에서 나오는 물로 밥을 지었고, 밥을 다 지은 다음 가족들을 모두 불렀다. 물이 나오지 않는 것을 알고 있었던 남편은 부인에게 물을 어디서 길어다가 밥을 지었느냐고 물었다. 부인은 아무 생각 없이 화장실에서 나오는 물로 밥을 지었다고 대답했다.

이 말을 들은 남편은 갑자기 표정이 굳어지면서 자리를 박차고 일어났다. 부인이 남편에게 "왜 그러세요?" 하고 물었더니, 남편은 "화장실에서 나온 물로 밥을 지었는데 불결해서 어떻게 먹어."라고 대답한 다음 밖으로 나가 버리는 것이었다. 그러자 아이들도 숟가락을 놓고 슬며시 자기 방으로 돌아갔다.

검은 색안경을 쓰고 세상을 바라보면 모든 것이 검게 보인다. 이 색안경과 같은 것이 바로 선입관이다. 선입관이란 과거의 의식에 계속해서 묶여 있는 상태이기 때문에 선입관을 버리지 않는 한 새로운 모든 것은 쓸모없는 것들로 취급되어 버려지기 십상이다.

가정으로 들어오는 수돗물은 하나의 수도관을 통해서 들어와 부엌으로도 욕실로도 화장실로도 간다. 그렇기 때문에 부엌에서 나오는 물이나 화장실에서 나오는 물은 똑 같은 물인 것이다. 그런데 부엌에서 나오는 물로는 밥을 지어도 화장실에서 나오는 물로는 밥을 짓지 않는다. 이것은 물 자체가 더럽기 때문이 아니라 화장실은 더러운 곳이니까 그곳에서 나오는 수돗물도 당연히 더러울 것이라는 선입관을 가지고 있기 때문이다.

우리는 이렇게 쓸데없는 선입관에 사로잡혀 있는 경우가 많다. 우리나라가 겪고 있는 심한 지역감정도, 남자들이 늑대로 몰리는 것도 선입관 때문이며, 그 외의 선입관에 사로잡혀 그릇된 사고를 하는 경우는 비일비재하다.

그러나 선입관이라는 자체가 기준이 모호하기 때문에 올바르지 못한 선입관을 가질 경우 모든 것을 그릇되게 판단하는 과오를 저지르게 된다.

또한 선입관은 대인 관계에 폐를 끼치는가 하면 새로운 정보의 입력을 방해하여, 지식이나 사고(思考)의 전진을 가로막기도 한다. 그러므로 객관적이고 공평하며, 타당한 사고방식을 가지기 위해서는 선입관을 버려야 한다.

남이 이루어 놓은 것을
과소평가하지 말라

"

예나 지금이나 사람들은 헐뜯는다. 말이 많으면 그래서 헐뜯고, 말이 없으면
그래서 헐뜯으며, 적당히 말해도 역시 헐뜯는다. 헐뜯기지 않고는 살 수 없는
세상이다. ─법구경

"

남이 이루어 놓은 것은 아무리 하찮은 것이라도 과소평가해서는 안 된다.
이루어 놓은 성과는 작을지라도 그것을 이루기 위해서 그 동안 노력을 기
울인 것에 대하여 박수를 쳐 주어야 한다.

대학을 갓 졸업한 한 젊은이가 군에 입대한 다음 날의 일이나. 선날 기
차로 수송되는 과정에서 점심과 저녁을 제대로 챙겨먹지 못한 터라 아침
에 일어나니 배가 몹시 고팠다. 간단히 청소를 하고 식당 앞에 가니 구수
한 밥 냄새가 시장기를 더욱 부추겼다. 사회에서 말로만 듣던 '짬밥'이라
는 것을 처음으로 먹는 날이다. 밥은 큰 통에 담아 놓고 자신이 먹을 수
있을 만큼만 퍼가지고 가서 먹는 자유배식이었다.

식당 뒷문 쪽에는 조교들이 밥을 남기는 사람에게 벌을 주기 위해서 지키고 서 있었다.

식기를 가지고 식당 안으로 들어서자 뒷문 쪽에서 한 사람이 식기를 머리에 얹고 "밥을 남기지 맙시다. 밥을 남기지 맙시다." 하고 큰 소리로 외치고 있었다.

그 소리를 듣고 그는 '바보 같은 놈, 밥 한 그릇도 못 먹어서 저 꼴을 하고 있어' 하고 속으로 비웃었다. 그는 배가 몹시 고팠기 때문에 밥을 많이 퍼서 먹기 시작하였다. 첫 숟가락부터 밥맛이 아니라 꿀맛이었다. 그러나 퍼온 밥의 반쯤을 먹고 나자 입에 넣은 숟가락의 밥알이 입 속에서만 머물 뿐 목구멍으로 넘어가지가 않았다. 그래도 벌을 받지 않으려고 억지로 삼켰다. 그러나 더 이상은 도저히 먹을 수가 없었다.

많은 밥을 남긴 그는 식기들 들고 식당 뒤로 걸어 나가서 다른 사람들과 마찬가지로 식기를 머리에 얹은 채 "밥을 남기지 맙시다. 밥을 남기지 맙시다."를 목청껏 외쳐댔다.

우리는 남이 해 놓은 것을 보고는 쉽게 '그까짓 것 나도 할 수 있다. 다만 하지 않았을 뿐이다'고 비웃는다. 그러나 막상 자신이 실제로 해보았을 때, 쉽게 할 수 있겠다고 생각했던 것을 제대로 하지 못한다.

비웃는 자들이여! 그렇게 쉬운 일을 왜 먼저 하지 못하는가? 왜 자신은 하지 않으면서 남이 이루어 놓은 것에 대하여 이러쿵저러쿵 하는가? 이런 경우를 두고 콜럼부스와 달걀이야기 같다고 하는 것이다.

자신이 먼저 하지 않는 한, 또 자신이 능숙하게 하지 않는 한 남을 비웃지 말아야 하고, 아무리 하찮은 것이라도 먼저 한다는 데 많은 의미를 부여해야 한다. 즉, 선구자가 된다는 데 의미를 부여해 주어야 하는 것이다.

아무리 하찮은 것이라도 선구자가 된다는 것은 어렵고 모험심이 따른다. 남이 이루어 놓은 것이 쉽게 보이는 것은, 이루어 놓은 결과가 눈에 보이기 때문이며, 또 그 하는 방법을 알아냈기 때문이다. 이것은 이루어 놓기 전에는 캄캄한 칠흑 속을 걷는 것과 같았으나, 일단 이루어 놓으면 밝은 곳에서 걷는 것과 같은 것으로 비유될 수 있을 것이다.

겸손은
가장 획득하기 어려운 미덕이다

"

겸손은 가장 획득하기 어려운 미덕(美德)이다. 자기 자신을 좋게 생각하려는
욕망보다 더 없어지기 힘든 것은 없다. ─T.S. 엘리어트

"

참된 인간이란 개구리가 되어서도 올챙이 적 시절을 잊지 않는 사람이다.
반대로 가장 비열한 인간이란 개구리가 되었을 때 올챙이 적 시절을 까맣
게 잊고 권위와 허세를 부리는 사람이다.

셋방살이를 하고 있던 중년 부부가 그 동안 고생고생해서 모은 돈으로
집을 한 채 샀다. 그들은 이사 가는 날 이삿짐을 밖에다 내놓고는 세 들어
살던 집의 주인에게 그동안 셋방살이를 하면서 말 못하고 죽어지냈던 설
움을 보복이라도 하듯이 "우리도 이제 집 있어요. 당신 말이야, 집하나 있
다고 너무 떵떵거리지 말아요." 하면서 해서는 안 될 말까지 실컷 퍼붓고
는 이삿짐을 싣고 떠났다.

그런데 막상 이삿짐을 싣고 자기가 사 놓은 집에 도착했을 때, 그 집엔 이미 다른 사람이 와서 살고 있었다. 그래서 남편은 "이 집은 우리 집인데, 당신들이 왜 여기에서 살고 있습니까?" 하고 당당하게 물었다. 그러자 그 집에 먼저 이사 와서 살고 있던 사람은 의아해하며 "당신들이야말로 뭐하는 것이냐?"고 하면서 이삿짐도 내려놓지 못하게 하면서 돌아가라고 했다.

남편은 눈이 휘둥그레져서 이리저리 뛰어 다니면서 알아본 결과 부동산 사기꾼에게 당한 것임을 알았다. 이들 부부는 하루아침에 갈 곳 없는 신세가 되고 말았다. 그래서 하는 수 없이 자신들이 셋방살이를 하던 집으로 되돌아올 수밖에 없었다. 다시 돌아온 그들은 큰 선물을 사들고 집주인에게 가서 "오전에는 제가 무례를 범했습니다. 용서를 해 주십시오." 하면서 싹싹 빌고 사정을 하였다. 그러나 주인은 냉정하게 받아주지 않았다.

가난하게 살았던 사람이 돈을 벌어 잘살게 되면, 자신이 가난하게 살았던 시절을 생각해서 겸손해지는 것이 아니라, 오히려 거만해지는 경우가 있다.

그 이유는 자신이 가난했을 때 설움 받았던 것을 돈을 벌음으로 해서 보상받으려는 심리 때문이다. 가난에 찌들려 기가 죽어 사는 사람들은 돈을 벌 때 '두고 보자, 내가 돈 많이 벌어서 본때를 보여줄 테다' 하고, 이를 악물고 돈을 번다.

그래서 실제로 돈을 많이 벌게 되면 이와 같은 사고방식이 구체적인 행동으로 표현된다. '나도 이제 돈이 많으니까 떵떵거리며 살겠다'고 하면서 거만하게 행동한다. 즉 새장에 갇혔던 새가 새장 밖으로 나온 것과 같이, 돈 없이 살았을 때 찌들었던 행동이 돈을 벌음으로 인해서 활짝 활개를 펴고 거만해지는 것이다.

그러나 돈을 벌었다고 해서 거만하게 행동하는 것은 어리석은 사고방식이며, 다른 사람들로부터 존경을 받기보다는 손가락질을 받게 된다.

오히려 자신이 가난하게 살았던 때의 설움을 생각해서 가난하게 사는 사람들의 심정을 이해해 주고, 그들을 도와주며 겸손하게 행동하는 자세를 가져야 한다.

위의 얘기에서 이사를 갈 때 속마음이야 어떻든 "그동안 감사했습니다." 하고 인사를 하고 갔더라면, 다시 돌아왔을 때 그렇게 냉정하게 쫓아내지는 않았을 것이다.

방을 닦을 때 걸레로 아무리 깨끗이 닦아도, 자신의 발바닥이 더러우면 다시 방바닥은 더러워지고 헛수고만 하는 꼴이 된다. 이와 마찬가지로 정신없이 돈을 모으기에 열중하여 부자가 되고 성공은 했지만, 인간성이 상실되었다면 그 성공과 부(富)는 무의미한 것이 되어 버리고, 결국 돈을 벌은 것보다도 더 큰 손해를 입는 결과를 가져온다.

돈을 벌 때 인간성도 같이 얻었다면 그 부는 빛난다. 그러나 돈만 벌었지 인간성을 얻지 않았다면 그 부는 추한 것이 되어 버린다. 돈은 노력하면 얼마든지 다시 벌 수 있지만, 한 번 잃은 인간성은 회복하기 힘들 뿐만 아니라, 돈으로도 다시 살 수 없기 때문이다. 그러므로 돈을 벌게 되면 돈이 없었던 때보다도 더욱더 겸손하게 행동해야 하는 것이다.

예쁜 것과 아름다운 것[美]의 의미를 착각하지 말라

"

아름다움이란, 경솔한 사람이 그릇 생각하듯 보이는 그대로의 외관만의 치례
는 아니다. ―E. 스펜서

"

예쁜 것과 아름다움[美]은 구별해야 한다. 예쁜 것은 외면적인 생김새로
판단되지만, 아름다움은 외면적인 아름다움과 내면적인 아름다움이 합
쳐질 때 이루어지는 것이다.

한 마을에 사는 여러 농가가 배추 농사를 지었다. 배추를 출하할 시기
가 다가왔는데 갑자기 배추에 벌레가 끼기 시작하였다.

농민들은 갈등이 생겼다. 농약을 지금 치면 사 먹는 사람들에게 해가
될 것 같고, 그렇다고 농약을 치지 않으면 벌레가 먹어서 팔아먹지 못
할 것 같았다.

결국 사먹는 사람들을 생각하는 아름다운 마음씨를 가지고 있는 농민

들은 농약을 치지 않았다. 그러나 사먹는 사람의 생각은 전혀 하지 않고 오로지 배추를 팔려고만 한 농민들은 농약을 듬뿍 쳤다.

드디어 출하시기가 되었는데, 배추의 겉모습은 아주 달랐다. 농약을 치지 않은 배추는 벌레가 먹었고, 농약을 듬뿍 친 배추는 벌레 먹음이 없이 깨끗했다. 배추를 사가는 상인이 왔는데, 그 상인은 농약을 듬뿍 쳐서 벌레가 먹지 않는 배추만 사갈 뿐 벌레 먹은 배추는 사가지를 않았다.

화가 난 농부가 장사꾼에게 따졌다.

"사먹는 사람들을 생각해서 농약을 일부러 치지 않았는데 왜 사가지 않는 것이요."

그러자 장사꾼은 이렇게 대답했다.

"난들 어떻게 하겠소. 사먹는 소비자들이 벌레 먹은 배추는 사가지를 않는데."

이러한 일이 있은 뒤로부터 농민들은 약이 바짝 올라서 먹는 사람들 생각은 하지 않고 농약을 듬뿍 쳐서 벌레가 먹지 않도록 해서 팔았다.

우리들은 사람을 판단하고 평가할 때 외모에 치중하는 경향이 있다. 마음이야 썩었건 곪았건 간에 전혀 상관하지 않고, 성형수술을 하고 화장을 듬뿍 하더라도 예쁘기만 하면 그 사람을 좋아한다.

대개의 남자들은 얼굴이 예쁘고 몸매가 잘 빠진 여자를 보면 내면의 아름다움은 따져보지도 않은 채, 내면적으로도 매우 아름다울 것이라고 쉽게 단정하고, 그런 여자를 데이트 상대나, 결혼상대로 선택하고 싶어 한다. 반대로 얼굴이 못생겼거나 뚱뚱하게 생겼으면 내면의 아름다움은 따져보지도 않은 채 그리 관심을 가져주지 않는다.

이렇게 외모에 치중하다 보니 예쁜 것과 아름다운 것[美]을 같은 뜻으로 착각한다. 그러나 예쁜 것과 아름다운 것은 전혀 다른 개념이라는 것을 알아야 한다. 즉 예쁜 것은 외면적으로 보아서 얼굴이 예쁘고, 몸매가 잘 빠지면 되나, 아름다움(일반적 의미의 아름다움을 말함)은 외면적인 아름다움과 내면적인 아름다움이 일치될 때 이루어지는 것이다. (진정한 의미의 아름다움이 있는데 이것은 외면상의 생김새와는 관계없이 내면의 마음이 아름다운 사람이다. 즉 외모에 상관없이 따뜻한 마음과 고운 마음을 가지고 있는 사람이 진정으로 아름다운 사람이다.)

여자들은 대부분 화장을 한다. 이유는 남들에게 더 예쁘게 보이기 위해서이다. 그런데 화장을 하는 만큼 내면적인 아름다움에도 신경을 써야 하나 그렇지 않은 여자들이 많이 있다. 일 년 동안 하루도 빠지지 않고 화장을 하면서도, 일 년 내내 책다운 책은 한 권도 읽지 않는 머리가 텅 빈 미인들이 많다. 이러한 여자들은 스스로 생각하기에는 자기가 미인이라고 착각할지도 모르나, 미인(美人)이 아니라 추인(醜人)이다.

남자도 마찬가지다. 외출을 할 때면 거울 앞에서 무스를 뿌리고 머리를 빗는 등 외모에만 신경을 쓰는 남자, 또 남자라고 큰소리나 뻥뻥치는 남자, 365일 동안 책다운 책은 한 권도 읽지 않아 머리에는 하나도 든 것이 없는 남자들이 있다. 이런 남자들도 자신이 생각하기에는 자기가 세상에서 가장 멋진 남자라고 생각할지도 모르나, 사실은 가장 추한 남자이다.

얼굴만 번지르르하고 몸매만 잘 빠졌으면 모든 남자를 다 홀릴 수 있다고 생각하는 여자(자칭 미인)들, 반대로 자기 마음대로 여자를 골라잡을 수 있다고 착각하는 남자(자칭 미남)들, 착각하지 말아야 한다. 사람이 무슨 물건인가. 사람이 무슨 자기들의 장난감인가. 겉만 화려할 뿐 머릿속은 텅텅 비어 있다면 그게 무슨 미인이며, 미남인가. 머리에 조금이라도 든 사람이라면 위에서 착각하고 있는 사람들을 꼴불견으로 생각하고 있다는 사실을 잊지 말아야 할 것이다.

악한 마음은 화를 부르고
선한 마음은 복을 불러들인다

"

은혜와 의리를 널리 베풀라. 인생이 어느 곳에서든지 서로 만나지 않으랴?
원수와 원한을 맺지 말라. 길 좁은 곳에서 만나면 피하기 어려우니라. ―명심
보감

"

악(惡)을 악으로 갚으면 다시 악이 생겨나고, 원한을 원한으로 갚으면 다
시 원한을 사게 되니, 이러한 악순환은 결국 두 사람 모두에게 피해를 주
게 된다.

시골 한 동네에 서로 이웃해서 사는 사람들이 있었다. 그 중에 칠석이
라는 집은 농사를 많이 지었고, 왕배라는 이웃집은 토지가 별로 없었기
때문에 품을 팔면서 살았다.

이들 두 집은 서로 이웃이면서도 담 사이에 심어져 있는 대추나무의
소유권 문제로 늘 옥신각신하며 사이가 좋지 않았다. 그래서 왕배라는
사람은 노는 한이 있어도 칠석이네 집의 일은 해 주지 않았다. 그러나 농사

거리가 많은 칠석이네는 일손이 모자라는 때가 한 두 번이 아니었다.

일을 좀 해달라고 사정을 하여도 들어주지 않는 왕배에 대하여 칠석은 화가 많이 났고, 그래서 어떻게든 골탕을 먹여야겠다고 생각했다.

어느 날, 칠석은 왕배를 찾아가 품삯을 두 배를 줄 터이니 일을 좀 해달라고 간곡히 부탁하였다. 이 부탁이 안쓰러워서 왕배는 승낙을 하고, 칠석이네 일을 하루 종일 열심히 해 주었다. 그리고 일이 끝난 후 저녁밥을 먹고 난 왕배는 칠석에게 품삯을 달라고 하였다. 그러자 칠석은 품삯을 손에 들고 흔들면서 약을 올렸다.

"왕배야, 이 돈을 받아가려면 소송을 해서 판결문을 가지고 와라. 그러면 주마."

왕배는 약이 바짝 올라서 소송을 하였다. 그래서 결국 승소를 하게 되었고, 판결문을 가지고 가서 품삯을 받았다. 그러나 품삯은 받아왔지만 소송비용이 더 들어간 왕배는 화가 나서 앞으로 어떠한 일이 있어도 다시는 칠석이네 집의 일은 하지 않겠다고 굳게 다짐을 하였다.

이러한 사건이 있은 지 몇 년이 흘렀다. 많은 시골 사람들이 도시로 빠져나가는 바람에 일손은 더욱 모자랐다. 칠석이네는 마늘농사를 지었는데, 마늘을 수확할 무렵이 되었는데도 일손이 모자라서 애를 먹었다. 엎친 데 덮친다고 일기예보에서는 내일부터 많은 비가 내린다고 하였다. 만약 비를 맞게 되면 마늘은 모두 썩어서 수확을 할 수가 없게 되니 큰일이었다. 그래서 칠석은 하는 수 없이 왕배를 찾아가서 어렵게 부탁을 하였다.

"오늘 우리집 마늘을 수확해 주면 품삯의 세 배를 주겠네."

그러자 왕배는 이렇게 대답하며 비아냥거렸다.

"강제구인장을 가지고 오게. 그러면 가서 일을 해 주겠네."

결국 칠석이네 마늘은 비로 인하여 모두 썩어 버렸다.

악(惡)의 고리를 끊기 위해서는 선(善)을 베풀어야 하며, 또 원한의 고리를 끊기 위해서는 은혜를 베풀어야 한다. 이러한 일을 한다는 것은 여간 어려운 일이 아니나, 악과 원한을 물리치는 길은 오직 이 길밖에 없으니 어찌하겠는가.

콩 심은 데 콩 나고 팥 심은 데 팥이 나듯이, 악행 뒤에는 복수가 뒤따르고, 선행 뒤에는 은혜가 뒤따른다. 그렇기 때문에 남에게 악한 행동을 하는 것은 스스로의 악의 씨앗을 뿌리는 것과 마찬가지이며, 스스로 뿌린 악의 씨앗의 대가는 반드시 자신이 거두어야 한다.

악한 마음에서는 악한 행실이 나오고, 선한 마음에서는 선한 행실이 나오는 법이다. 또 악한 마음으로는 화(禍)를 불러들이고, 선한 마음으로는 복(福)을 불러들이는 것이니, 화도 복도 모두가 내 행실의 열매인 것이다.

오직 사람의 두 마음을
두려워하라

"

만나거든 3분만 말을 하되 자기가 지니고 있는 한 조각 마음을 다 버리지 말
지니, 호랑이를 두려워하지 말고 오직 사람의 두 마음을 두려워할지니라.—
명심보감

"

말 속에는 진실만 담겨 있는 것은 아니며, 그 배후에는 음흉한 목적이 도
사리고 있는 것도 많다. 음흉이 도사리고 있는 말을 진심이라고 믿을 땐
씻을 수 없는 과오를 저지르게 되므로 어떠한 경우에도 경계를 게을리 하
지 말아야 한다.

결혼식을 마친 신혼부부가 신혼여행을 떠났다. 결혼식을 하느라 시달
린 이들은 밤이 되어서야 호텔방에 도착할 수 있었다. 피곤한 이들은 식
사를 한 다음 목욕까지 끝냈다. 그때 신랑은 술을 한 잔씩 하고 잠자리에
들자고 말했다. 신부도 승낙을 했고 술을 따른 다음 건배를 하고 기분 좋
게 마셨다.

술을 한 잔 마시고 난 신랑은 밝은 표정으로 말했다.

"우리 이제 부부가 되었으니까 과거를 모두 털어 놓고, 오늘 이 시간 이후로는 과거를 깨끗이 잊고 새 출발하자."

이 말을 듣고 있던 신부는 타당한 말 같아서 그렇게 하자고 동의하였고, 신랑이 먼저 이야기를 꺼냈다.

"대학교 다닐 때의 일이야. 나는 같은 과 여학생과 사귀었어. 우리는 토요일이 되면 교외로 벗어나서 데이트를 하곤 했는데, 너무 늦는 날이면 교외의 여관에서 같이 밤을 지내곤 하였어. 우리 둘은 이렇게 지내면서 깊은 관계에 빠졌고 결혼까지 하기로 했었어."

이렇게 말한 신랑은 심각한 표정을 지으면서 술을 한잔 더 마셨다. 이 말을 듣고 있던 신부가 궁금한 듯 물었다.

"그런데 왜 그 여자와 결혼을 하지 않았어요?"

그러자 신랑은 다시 말을 이어갔다.

"그런데 열렬하게 사랑하던 우리 사이에 입영통지서라는 불청객이 날아들었어. 그녀는 내가 전역을 할 때까지 기다리겠다고 약속을 하고, 나도 그녀를 믿고 입대를 하였어. 군에 입대하자 그녀는 매주 토요일이 되면 면회를 왔어. 그런데 내가 군에 입대한 지 6개월이 지나면서부터 뜸해지더니 1년쯤 되었을 때는 면회는커녕 편지도 오지 않았어. 내가 상병 휴가를 나가서 만났을 때 그녀는 다른 남자가 생겼다고 고백하면서 잊어달라고 하였어. 그래서 우리는 결국 이별을 하고 만 거야. 당신, 나의 과거를 이해해 줄 수 있겠어?"

멍하니 소설 같은 이야기를 듣고 있던 신부는 신랑을 안쓰러운 표정으로 바라보면서 위로의 말을 건넸다.

"그래요. 이해해요. 이젠 그 일을 깨끗이 잊어버리세요."

그러자 신랑은 다시 심각한 표정을 지으면서 진지하게 말했다.

"고마워, 역시 당신은 이해심이 깊은 여자야. 좋아, 나도 당신이 무슨 과거를 가지고 있다 해도 다 용서해 줄 테니까 지금 다 털어 놓아봐."

이 말에 신부는 한 치의 의심도 없이, 또 분위기가 분위기인지라 영원히 추억으로만 간직하고 풀어놓아서는 안 될 이야기를 하기 시작하였다.

"저는 남녀공학인 고등학교를 다녔어요. 제가 2학년 때 3학년 남학생이 저에게 접근을 해왔어요. 저는 싫다고 했지만 그 남학생의 극성스러운 데이트 신청에 굴복하고 말았어요. 결국 우리는 가까운 사이가 되었고, 하루라도 보지 못하면 안 될 정도가 되었어요. 그해 여름방학 때 우리는 설악산으로 등산을 갔어요. 저는 순수한 마음으로 갔는데 그 남학생은 흑심을 품고 왔더군요. 저는 순결을 빼앗기지 않기 위해서 사정도 해보고, 울어도 보았지만 그 남학생의 저돌적인 행동에 그만 순결을 빼앗기고 말았어요."

이 말을 듣고 있던 신랑은 조금 상기된 표정을 지으면서 술을 한잔 더 마시고는 신부에게 계속하도록 다그쳤다. 신부는 다시 말을 이어갔다.

"우리는 그 후에도 죄악인 줄 알면서 계속 사귀었어요. 그렇게 지내다가 남학생은 졸업을 하였고, 서울로 취직을 한다고 올라갔어요. 서울에 올라가서 자리 잡으면 연락하겠다고 하던 그 사람은 끝내 연락을 하지 않았어요. 그래서 우리의 사랑은 끝나고 만 거예요. 이게 나의 과거 전부예요. 나를 이해해 줄 수 있겠지요?"

신부의 이야기를 다 듣고 난 신랑은 얼굴이 일그러지면서 짐을 급히 챙기기 시작하였다.

"이런 더러운 여자라니! 이해해 달라고? 그런 몸으로 나에게 시집을 오다니 이건 나를 모욕한 거야. 우리의 결혼은 이것으로 끝났어."

약간 취기에 젖었던 신부는 정신이 번쩍 들었다.

"당신도 과거가 있잖아요. 그리고 모두 이해해 준다고 했잖아요. 우리 이제 과거는 깨끗이 잊고 둘이 열심히 살아가요. 네?"

그러나 신랑은 짐을 챙겨들며 한마디를 던졌다.

"그 과거를 어떻게 잊을 수가 있어! 잊는다고 순결이 다시 돌려지나? 내가 털어놓았던 과거는 모두가 너의 과거를 털어놓게 하기 위해서 꾸며 낸 것이었어."

그때서야 심각성을 깨달은 신부는 짐을 들고 방을 나가려는 신랑의 다리를 잡고 매달리며 사정을 하였다. 그러나 신랑은 냉정하게 뿌리치고 호텔방을 빠져 나갔고, 이들 둘의 결혼식은 하나의 해프닝으로 끝나고 말았다.

한 치밖에 안 되는 가슴속도 우리는 볼 수가 없다. 하물며 그 속에서 나오는 말을 어떻게 믿을 수 있단 말인가. 말이 음흉으로 꾸며진들 누가 그 말을 음흉으로 알 것인가.

음흉한 말 속에는 온갖 계략이 다 들어있기 때문에 가장 날카로운 무기가 된다. 이렇게 날카로운 무기인데도 우리는 그것을 볼 수 없기 때문에 쉽게 말려들어 치명적인 상처를 입는다. 음흉한 말은 언제나 가장 부드럽고 달콤하게 위장하여 우리에게 다가오기 때문에 우리는 쉽게 당하는 것이다.

나 이외의 사람은 일단 모두가 나의 적이며, 부부 사이도 예외가 될 수는 없다. 외형상 함께 산다고 해서 나의 편이라고 생각하는 것은 어리석다. 부부가 서로 사랑과 이해를 바탕으로 상대방의 결점을 덮어 줄 때 비로소 나의 편이 되는 것이며, 조그마한 결점조차도 이해하고 덮어주지 않는 부부 사이는 가장 무서운 적대관계이다.

만약 부부 사이에서 한 쪽만 이해해 주지 않는다면, 이해해 주는 쪽은 치명적인 상처를 받게 된다. 부부는 사랑하면 가장 가까운 사이가 되지만, 사랑하지 않으면 가장 먼 적이 될 수 있음을 명심해야 한다.

서두름은
언제나 실패의 어버이다

꾸준히 그리고 성실히 일하는 것보다 더 좋은 능력(방법)은 없다. 그리고
성실한 자세로 꾸준히 일하는 사람을 따라잡을 방법은 어디에도 없다.

느린 거북이를 비웃으면서 자신만만해 하던 토끼가 경주 도중 잠시 잠
을 자다가 거북이한테 여전패 당한 것을 설욕하기 위해서, 거북이한테 다
시 한번 경주를 하자고 했다. 토끼의 요청에 거북이도 승낙을 했고, 이번
에도 저번처럼 산꼭대기까지 누가 먼저 올라가느냐하는 것이었다.

경주를 하기 전에 토끼는 자신이 지난번의 패배를 설욕하기 위하여 거
북이에게 획기적인 제안을 하였다.

"거북아, 너는 저 산중턱에서부터 시작해. 나는 밑에서부터 출발할 테

니까, 먼저 중턱까지 올라가."

그러자 거북이는 이를 사양하였다.

"아니야. 여기서부터 해도 내가 이길 자신 있어. 그러니 여기서 똑같이 출발하자."

그러나 토끼가 자신만만해 하면서 계속 중턱으로 올라가라고 우겨서 거북이는 할 수 없이 먼저 올라갔다.

중턱까지 먼저 올라간 거북이는 토끼에게 출발신호를 하였다. 신호를 받은 토끼는 자신의 빠른 발을 믿은 나머지 여유를 부리면서 자기가 마지막에 통쾌한 역전승을 거두겠다는 속셈으로 거북이가 정상에 가까이 갈 때까지 기다렸다. 그리고 거북이가 정상에 거의 다다르자, 날쌘 몸으로 장애물들을 요리조리 피해가면서 힘차게 달려 올라갔다.

그러나 정신없이 달려 올라가던 토끼는 인간들이 자신을 잡기 위해 쳐 놓은 덫을 발견하고 그것을 피하기 위해서 급하게 제동을 걸었으나 달려 온 가속도에 의해 그만 덫에 걸리고 말았다. 덫에 걸려서 발버둥을 치고 있는 토끼의 귀에 먼저 정상에 도착한 거북이의 승리의 노랫소리가 들려 왔다.

한참동안을 쉬고 있는데도 토끼가 올라오지를 않자, 이상하게 생각한 거북이는 토끼에게 무슨 일이 일어났는지 궁금하여 다시 내려가다가 덫에 걸려 괴로워하고 있는 토끼를 발견했다.

거북이를 본 토끼는 도와달라고 사정했다.

"거북아, 너를 이긴다고 하지 않을 테니 나 좀 구해다오."

거북이는 토끼가 덫에서 빠져나오도록 도와주었고, 거북이 덕에 가까스로 덫에서 빠져나온 토끼는 창피한 듯 고개를 숙인 채 자기 집으로 돌아갔다.

자만하지 않고, 서두르지 않고, 중단함 없이 노력한다면 어떠한 일이라도 쉽게 이룰 수 있다. 그러나 자신의 능력을 과신한 나머지 자만하고, 허둥대면서 일하고, 무슨 일을 하다가 중간에 약간의 어려움만 닥쳐도 쉽게 포기해 버린다면 인생을 망치게 된다.

　모든 일을 함에 있어서 자신이 가진 능력도 중요하지만 그에 못지않게 중요한 것은 일을 하는 자세이다. 아무리 훌륭한 능력을 가졌다 할지라도 일하는 자세가 잘못되어 있다면 오히려 훌륭한 능력은 일을 망치는 도구로 변해버린다. 반대로 능력은 별로 없지만 꾸준히 하면 된다는 자세를 가지게 되면 능력은 저절로 배가하게 되는 것이다.

지나친 자존심은
자신을 고립시킨다

"

자존심은 멸망을 가져올 것이다. 오만이 앞서고 수치심이 뒤따르니 말이다. —J. 헤이우드

"

자존심은 자신을 지키는 도구이다. 그렇지만 그 정도가 지나치면 오히려 자신의 존재를 고립시키는 도구가 된다. 그러므로 적재적소에 맞도록 자존심을 부려야 하며, 그렇게 할 때만이 자신을 지켜준다.

거북이와의 경주에서 연거푸 두 번이나 패배를 당한 토끼는 몹시 자존심이 상했다. 덫에 걸렸을 때 입은 상처를 치료하는 중에도, 토끼는 이를 갈면서 설욕할 기회를 노렸다. 드디어 상처가 다 나았고, 토끼는 거북이를 찾아가 또 경주를 제안하였다. 거북이도 승낙하였고, 똑 같은 코스에서 하기로 결정했다.

이번에는 토끼와 거북이가 같이 출발하였다. 거북이는 느릿느릿 걸어

갔으나 토끼는 빠른 속도로 뛰어 올라갔다. 토끼는 한눈팔지 않고 열심히 달려서 정상 부근까지 다가갔다. 정상 부근에 다다라 뒤를 한 번 돌아다본 토끼의 눈에 아직도 저 아래에서 엉금엉금 기어 올라오고 있는 거북이의 모습이 보였다.

토끼는 잠시 망설였다. 지금 정상에 올라가서 이겨버릴까, 아니면 여기서 기다리다가 거북이가 가까이 오면 그때 정상에 올라가서 이겨버릴까 하고 생각한 것이다.

곰곰이 생각한 토끼는 지금까지의 경주에서 자신이 분패를 했으므로 그 설욕을 하기 위해서는 여기서 기다렸다가 거북이가 가까이 오면 그때 곧바로 올라가서 이기는 것이 더 통쾌할 것이라고 자존심을 부렸다.

거북이를 기다리면서 느긋하게 앉아서 쉬고 있는 토끼 곁으로 어디선가 새 한 마리가 날아왔다. 새는 토끼한테 자기와 노래자랑을 하자고 졸라댔고, 토끼 또한 심심한 터였던지라 그러자고 승낙하였다.

새가 먼저 멋진 소리로 노래를 불렀다. 새가 노래를 마치자 토끼가 다시 노래를 부리기 시작하였다. 그러나 토끼의 목소리는 찢어지는 듯한 소리였다. 토끼의 노래가 끝나자 새는 자신이 더 잘 불렀다고 주장하였고, 토끼는 자신이 더 잘 불렀다고 우겼다. 서로 고집을 꺾지 않자 토끼와 새는 한 곡씩을 더 불러서 우열을 가리기로 했다. 토끼와 새가 한 곡씩 더 불렀으나 결과는 마찬가지였고, 토끼의 자존심은 매우 상했다. 토끼는 한 번 더 하자고 새한테 졸랐다.

토끼가 이렇게 노래자랑에 빠져 있는 사이에 거북이는 정상에 도착하여 승리의 노래를 불렀다. 노래자랑에 정신을 팔고 있던 토끼는 그때서야 땅을 치며 통탄했지만 소용이 없었다.

칼은 남을 이기는 도구이다. 하지만 칼을 잘못 다루면 그 칼에 의하여 자신이 먼저 다친다. 마찬가지로 자존심도 자신을 지키는 도구이나, 지나치게 자존심을 부리면 오히려 자신이 먼저 손해를 보게 된다.

지나친 자존심 때문에 얼마나 많은 사람이 속을 썩히고 있는가. 시집 장가를 가지 못한 노처녀, 노총각들도 바로 이 자존심 때문이 아닌가. 이익을 눈앞에 두고도 자존심을 굽히기 싫어서 손해를 보는 경우는 또 얼마나 부지기수인가.

적당한 자존심만이 그대에게 이익을 가져다 줄 것이다.

어설픈 능력은
사람을 게으르게 만든다

> "
>
> 무릇 한 나라가 그 장점으로 인하여 망하는 수도 있고, 한 인간이 장점으로 인하여 스스로를 망치는 수도 있다. 그러므로 헤엄을 잘 치는 자가 연못에서 익사하고, 활 잘 쏘는 자가 들에서 쓰러지는 법이다.—관자
>
> "

부지런하고, 꾸준히 그리고 큰 욕심 부리지 않고 일하는 사람치고 성공하지 않은 사람은 없다. 게으르고 자만하고 일확천금이나 노리고 행운이 굴러들어 오기를 바라기 때문에 실패자가 생기는 것이다.

자만과 자존심 때문에 세 번의 경주에서 세 번 모두 진 토끼는 완전히 기가 죽어서 지냈다. 예전에는 거북이를 만나면 잘난 체하고 우쭐대던 토끼가, 경주에서 진 뒤로는 거북이를 만나도 고개를 푹 숙이고 창피한 표정을 짓곤 하였다.

그러면서도 토끼는 자신의 자존심을 되찾아야겠다는 생각은 버리지 않았다. 하지만 자존심이 강한 토끼는 거북이한테 또 다시 경주를 하자고

제안하지 못하고 한 달여 동안을 망설이다가, 마침내 자존심을 굽히고 거북이를 찾아가 다시 한 번 경주를 하자고 제안하였다. 거북이도 이를 쾌히 승낙했다.

경주코스는 지난번과 똑같았다. 토끼와 거북이는 동일한 출발장소에서 동시에 스타트를 끊었다. 토끼는 지난번의 실패를 거울삼아 천천히 조심하면서 그리고 게으름을 피우지 않고 꾸준하게 달려 올라갔다. 그 결과 토끼는 거북이보다도 훨씬 앞서 정상에 도달할 수 있었다. 정상에 도달한 토끼는 승리의 노래를 목청껏 불렀다. 아래를 내려다보니 아직도 거북이는 저 밑에서 땀을 뻘뻘 흘리면서 기어 올라오고 있었다. 한참 후에야 거북이는 정상에 도착할 수 있었다.

거북이가 정상에 도착하자 토끼는 거북이에게 자화자찬을 늘어놓았다.

"이번에는 내가 이겼어. 저번에도 내가 이길 수 있었는데 실수를 해서 졌던 거야."

그러자 거북이는 고개를 끄덕이면서 토끼에게 다음과 같이 훈계를 해주었다.

"토끼야, 네가 지금까지의 경주에서 졌던 것은 너의 빠른 발만을 믿고 자만하였기 때문이야. 자만하지 않고 성실한 자세로 꾸준히 올라오니까 네가 승리한 것이야. 너는 지금까지 너의 빠른 발만을 믿다가 모든 일을 망쳤어. 그러니까 앞으로는 너의 그 빠른 발만을 믿지 마. 또 '내 다리는 느림보다'라고 생각하고 행동해 봐. 그러면 너는 모든 일을 훌륭히 해 낼 수 있을 거야."

토끼는 거북이의 충고를 무시해 버렸다.

"나도 그 정도는 잘 알고 있어. 앞으로는 어떠한 경주를 해도 너를 이길 거야."

성공의 선물을 가져다 준 자여! 그대의 이름은 성실(꾸준함), 노력, 인내다. 성실, 노력, 인내, 이 세 가지만 있다면 어떠한 능력보다도 더 큰 힘을 발휘한다.

능력을 너무 믿지 말라. 능력 그 자체만으로는 아무것도 성공시킬 수 없다. 어설픈 능력이 사람을 게으르게 만들고, 자만하게 만들어 성공으로 가는 길을 가로막는다.

훌륭한 능력을 가지면 가질수록 스스로 능력이 없다고 겸손해져야 하며, 그렇게 할 때 자만심은 사라지고 성공을 위해서 돌진할 수 있는 힘이 솟아난다.

사람은 누구나
반드시 장점 하나는 가지고 있다

> "
>
> 모든 사람들은 남에게는 없는 어떤 탁월함이 있다. —푸블릴리우스 시루스—
> 또 아무리 쓸모없게 보이는 사람이라도 반드시 한 가지는 좋은 점을 가지고
> 있다. —필립 체스터필드
>
> "

모든 것은 안과 밖이 있다. 모든 것은 좋고 편리한 면이 있는가 하면 불편한 점도 있다.

경주에서 이긴 토끼한테 훈계를 했다가 토끼로부터 무시를 당한 거북이는 토끼를 골탕 먹이기 위해서 묘안을 짜냈다. 그 묘안이라는 것은, 지금까지는 아래에서 산꼭대기까지 올라가는 경주만 했는데(뒷다리가 긴 토끼한테만 일방적으로 유리했다), 이번에는 반대로 산꼭대기에서 산 밑으로 내려오는 경주를 하는 것이었다.

토끼를 만난 거북이가 제안을 했다.

"토끼야, 우리 경주 한번 더하자. 그동안 우리는 산꼭대기로 올라가는

경주만 했는데, 이번에는 산꼭대기에서 산 밑에 있는 옹달샘까지 내려가는 거야."

이 말을 듣고 토끼는 은근히 걱정이 되었다. 산꼭대기로 올라갈 때는 뒷다리가 길어서 잘 올라가고, 내려갈 때는 잘 내려가지 못하는 약점을 누구보다도 토끼 자신이 더 잘 알고 있었기 때문이었다. 이를 눈치 챈 거북이는 "질 것 같으면 관둬" 하고 비아냥거렸다. 거북이의 비아냥거림에 자존심이 상한 토끼는 하는 수 없이 승낙을 했다.

토끼와 거북이는 먼저 산꼭대기로 올라갔다. 도착 지점은 산 밑의 옹달샘으로 정하고, 토끼와 거북이가 동시에 출발하였다.

성질이 급한 토끼는 빠른 속도로 내려갔으나, 거북이는 올라올 때와 비슷한 속도로 내려갔다. 빠른 속도로 내려가던 토끼는 가파른 언덕길을 내려가다가 그만 앞으로 처박혀서 앞다리가 부러지고 말았다. 다리가 부러진 토끼는 아픔을 무릅쓰고 안간힘을 다해서 기었으나 네 발이 멀쩡한 거북이를 당해낼 도리는 없었다.

출발한 지 한참 후에 거북이가 먼저 옹달샘에 도착하여 승리의 노래를 불렀다. 승리한 거북이가 목을 축이면서 땀을 식히고 있는데, 토끼가 다리를 질질 끌면서 나타났다. 거북이를 본 토끼는 또다시 사정을 하였다.

"거북아, 내 다리가 부러졌어. 나 좀 업어서 집까지 데려다주지 않을래."

다리가 부러진 것을 본 거북이는 토끼를 등에 업고 집으로 데려다주면서 이렇게 말해주었다.

"토끼야, 너같이 훌륭한 다리도 올라갈 때는 유용하지만 내려올 때는 불편하여 단점이 있는 것처럼, 아무리 하잘 것 없는 동물이라 하더라도 한 가지는 잘하는 면이 있어. 너는 너의 발이 모든 면에서 뛰어날 것이라고 생각하지만 그것은 착각이야."

그러자 토끼가 대답했다.

"나도 알아. 그렇지만 나의 취약한 면을 보이고 싶지 않았어."

"앞으로는 너보다 느린 동물들을 놀리지 말고 사이좋게 지내. 알았어?"

"그래, 알았어. 나는 왜 이렇게 어리석지. 앞으로는 모든 동물들과 사이좋게 지낼 거야. 너한테도 앞으로는 느림보라고 놀리지 않을게. 거북아, 고맙다."

토끼는 눈물을 흘렸다.

한쪽으로 편리하면 다른 쪽으로는 불편하다. 어떤 것도 양쪽으로 편리한 것은 없으며, 장점이 있으면 반드시 단점도 있는 것이 사물의 이치다.

토끼의 뒷다리는 앞다리보다도 길다. 그래서 올라갈 때는 긴 뒷다리를 이용하여 빨리 올라갈 수 있다. 그러나 내려올 때는 뒷다리가 길고 앞다리가 짧기 때문에 빨리 달릴 수 없으며, 빨리 달리려고 하면 앞으로 처박힌다.

다시 한 번 강조하거니와, 장점을 강조하여 우쭐대거나 자랑을 늘어놓거나 자신보다 못한 이들을 무시하지 말아야 한다. 단점이 발각되었을 때 망신을 당하지 않기 위해서는.

현명한 자는 화합하고
어리석은 자는 독불장군처럼 행동한다

> **"**
>
> 인간은 누구나 무거운 짐과 결점을 지니고 있다. 그러므로 타인의 도움 없이는 살아갈 수 없다. 우리는 서로서로 위로와 충고와 협의로써 도와 나가지 않으면 안 된다. —톨스토이
>
> **"**

대결, 그것은 양자 모두에게 피해를 입힐 뿐 이득이 되는 것은 없다. 얼핏 보기에는 대결로써 이길 때 가장 큰 이득을 얻을 것 같으나, 가장 큰 이득은 역시 대결을 지양하고 화합할 때 얻어진다.

거북이와의 경주에서 다리가 부러진 토끼는 몇 달 동안 자신의 집에서 꼼짝 없이 갇혀 지내야 했다. 성질이 급한 토끼는 집에만 있는 것이 매우 갑갑했지만, 집에서 부러진 다리를 치료하면서 많은 것을 깨달았다. 교만, 느린 동물에 대한 놀림, 잔꾀 등 자신의 지난날의 행동에 대해 반성하였고, 다리가 완쾌되면 약한 동물들을 도와주고 그들과 사이좋게 지내겠다고 자신과 약속도 했다.

그러던 어느 날, 거북이가 물고기를 잔뜩 잡아서 토끼에게 병문안을 왔다.

"토끼야, 다리 많이 나았니? 이 물고기 먹어. 물고기에는 칼슘이 많이 들어 있어서 다리가 빨리 나을 거야."

토끼는 거북이의 우정에 고마워하면서 자책의 말을 했다.

"고맙다, 거북아. 너의 마음씨가 이렇게 착한 줄은 미처 몰랐어. 너같이 착한 애를 내가 놀렸으니, 내 다리가 부러진 것은 죄를 받아서 그런 거야."

거북이가 다시 토끼를 위로했다.

"토끼야 너무 실망하지 마. 이제라도 깨달았으면 돼. 토끼 너도 본성은 착한 애야. 다만 너의 다리를 너무 과신했을 뿐이야."

토끼가 말했다.

"맞아. 나는 앞으로 이 다리를 믿지 않을 거야. 그리고 다른 동물들과도 사이좋게 지낼 거야. 거북아, 우리 앞으로는 사이좋게 지내자. 그리고 이제부터는 경주 같은 것은 하지 말고 서로 맛있는 먹이를 나눠 먹기로 하자. 너는 나에게 물고기를 잡아다 주고, 나는 너에게 밤, 머루, 다래 같은 열매를 따다 주고 하면서 말이야."

몇 개월의 치료 끝에 토끼의 다리는 다 나았다. 토끼는 거북이와 약속대로 사이좋게 지냈다. 거북이는 호수 속에 들어가서 물고기를 잡아와서 토끼와 나눠 먹었고, 토끼는 산에 있는 열매를 따다가 거북이와 나눠 먹었다. 둘은 서로 힘을 합함으로써 서로 먹지 못했던 음식을 먹을 수 있게 되었다.

"거북아, 우리가 힘을 합치니까 이렇게 서로 먹어보지 못했던 것도 먹을 수가 있구나. 우리가 왜 쓸데없는 자존심을 부리면서 대결하고 지냈는지, 지금 와서 생각해 보니 참 어리석었어. 역시 화합은 좋은 것이야."

토끼가 이렇게 말하자 거북이도 맞장구를 쳤다.

"암, 그렇고말고."

그리고 이들은 의형제를 맺었다.

말[馬]은 인간보다도 빨리 달린다. 소의 힘은 인간의 힘을 훨씬 능가한다. 하지만 빨리 달리는 말도, 힘이 센 소도 연약한 인간의 손에 의해서 다루어지고 있는 것은 무엇 때문인가? 그것은 지혜가 없어서 서로 화합을 하지 못하고 따로따로 행동하기 때문이다.

우리 인간들은 연약하지만 서로가 힘을 합쳐 모여 살기 때문에 만물의 영장으로서의 지위를 누리면서 살아가고 있다. 서로의 능력만 내세우면서 대결을 벌이면 아무리 좋은 능력이라 할지라도 갈기갈기 찢겨져서 서로의 능력은 제대로 발휘되지 못하고 사라져 버린다. 그러나 작은 능력이라도 서로 합치면 엄청난 위력을 가진 능력으로 변한다.

우리들은 남의 도움 없이 살아갈 수 있도록 완벽하게 만들어져 있지 않다. 여하튼간에 남의 도움을 받아야만 불편을 느끼지 않고 살아갈 수가 있는 것이다. 현명한 자는 이 사실을 깨닫고 화합할 것이고, 어리석은 자는 이 사실을 깨닫지 못하고 독불장군처럼 행동할 것이다.

지혜는 모으면 모을수록
더욱 현명하고 탁월해진다

"

지혜는 그 물품이 진짜이기만 하면 결코 비싸지 않다. —H.그릴리

"

두 사람이 지혜를 모으면 세 배의 지혜가 나온다. 왜냐하면 두 사람의 지혜에 두 사람이 합칠 때 나오는 보너스의 지혜가 추가되기 때문이다.

의형제를 맺은 토끼와 거북이는 눈만 뜨면 같이 지냈다. 그날도 토끼와 거북이는 먹이를 배부르게 먹고 호숫가의 그늘 밑에서 쉬고 있었다. 편안히 쉬고 있던 토끼가 갑자기 귀를 쫑긋 세웠다. 큰 짐승의 발자국소리가 들리는 것 같았기 때문이다. 토끼가 귀를 쫑긋이 세우고 자세히 들어보니 호랑이 울음소리와 함께 발자국소리가 들렸다. 토끼는 재빨리 높은 위치로 뛰어 올라가서 호랑이가 오는 방향을 보았다. 그랬더니 호랑이는 자기들이 쉬고 있는 호숫가로 달려오고 있는 것이었다.

토끼는 숨을 헐레벌떡 몰아쉬면서 거북이가 쉬고 있는 나무 아래로 달려왔다.

"거북아, 지금 호랑이가 이곳으로 달려오고 있어. 어떻게 하면 좋니?"

잠시 생각하던 거북이가 말했다.

"우리는 죽어도 같이 죽고, 살아도 같이 살아야 해. 지혜를 짜내보자."

그리고 궁리를 하기 시작했다. 그러자 토끼가 다급하게 설쳤다.

"지금 궁리할 시간이 없어. 빨리 피해야 해."

그때 거북이가 묘안을 생각해 냈는지 소리쳤다.

"토끼야, 호랑이는 헤엄을 칠 줄 몰라. 우리가 물속으로 들어가면 따라오지 못할 거야."

토끼도 손뼉을 치면서 동의를 했다.

"그래, 맞다."

거북이는 토끼에게 등을 내밀면서 타라고 했다. 토끼를 업은 거북이는 호수의 가운데로 들어갔다. 그때 달려온 호랑이는 토끼와 거북이가 호수 가운데로 도망가는 것을 보고는, 호숫가에서 입맛만 다시면서 안타까워할 뿐 호수로 들어오질 못했다.

호랑이는 호숫가에서 거북이와 토끼가 나오기만을 기다리고 있었다. 며칠이 지나도 호랑이는 다른 데로 갈 생각을 하지 않고 토끼와 거북이가 나오기만을 기다리고 있었다. 토끼와 거북이도 호수 가운데서 며칠을 지내야만 했다.

토끼와 거북이는 다시 '어떻게 하면 저 호랑이를 물리칠 수 있을까' 하고 묘안을 짜내기 시작했다. 한참 후에 토끼가 말했다.

"거북아, 호랑이를 꼬여서 이 호수로 들어오게 한 다음 물에 빠지게 하는 건 어때?"

"어떤 수로 저 약아빠진 호랑이를 호수로 들어오게 할 수 있단 말이야?"

거북이가 되묻자, 토끼는 묘안을 실행하듯이 호랑이를 향해 소리를 쳤다.

"여보세요, 호랑이님(물고기를 들어 보이면서) 배고프죠? 이 호수 속에는 이런 물고기가 많이 있어요. 그러니 물고기를 잡아먹으세요."

이 말을 들은 호랑이는 며칠을 굶은 터라 군침이 돌았다. 그래서 방법을 물었다.

"야, 이놈들아. 어떻게 물고기를 잡는단 말이냐?"

그때 토끼가 방법을 알려 주었다.

"저쪽에 가면 통나무가 있거든요. 그것을 갖다가 타고 들어오면 되지요."

"그렇지, 내가 왜 그 생각을 못했지."

통나무를 가지고 온 호랑이는 그것을 호수에 띄운 다음 올라타고 토끼와 거북이가 있는 곳을 향해 들어왔다. 호랑이가 탄 통나무 배가 토끼와 거북이가 있는 곳에 거의 가까이 오자, 토끼는 갖고 있던 물고기를 호랑이 코앞에 던졌다. 며칠을 굶은 호랑이는 자신이 지금 통나무를 타고 있다는 사실도 잊은 채 육지에서처럼 날랜 몸으로 물고기를 받아먹기 위해서 뛰어올랐다. 호랑이는 물고기를 입에 문 채 호수에 풍덩 빠지고 말았다. 물에 빠진 호랑이는 허우적거리면서 사정을 했다.

"너희들은 잡아먹지 않을 테니 나를 살려줘!"

그러자 토끼가 의기양양하게 한마디를 던지며 손을 흔들었다.

"잔인한 너의 말을 어떻게 믿니. 너의 말은 거짓말이고, 살려주면 너는 반드시 우리를 잡아먹을 거야. 그런데 우리가 왜 너를 살려주니. 안녕."

호랑이는 허우적거리다가 결국 익사했고, 호랑이를 물리친 토끼와 거북이는 호숫가로 나왔다. 호숫가로 나온 이들 둘은 박수를 치며 환호성을 질렀다.

토끼와 거북이가 지혜를 합치지 않았다면, 호랑이를 물리칠 수 없었을 것이고 이들에게 평화는 없었을 것이다. 이처럼 지혜는 많이 모으면 모을수록 더욱더 현명하고 탁월해진다.

그리고 지혜는 서로의 성격이나 능력이 다른 사람과 합칠 때 가장 많이 얻을 수 있다. 자신에게 부족한 점이 있을 때는 상대방의 지혜를 통해서 메울 수 있고, 상대방의 부족한 면은 자신의 지혜로 메워 줄 수 있기 때문에 그만큼 지혜는 늘어나는 것이다.

CHAPTER 2

진실은 많은 말을
필요로 하지 않는다

적은 재산에 만족하며 살고, 사치보다는 우아를, 유행보다는 세련을 구하며,
존경받기보다는 가치 있기를, 부유하기보다는 넉넉하게 되기를 바라며,
열심히 노력하고, 조용히 생각하고, 부드럽게 이야기하며, 솔직하게 행동하고,
별들과 새들과 어린이들과 현인(賢人)들을 솔직한 마음으로 경청하며,
모든 것을 즐겁게 참고, 모든 것을 용감히 행하며, 기회를 기다리고, 결코 서두르지 말라.

- W.H. 체닝

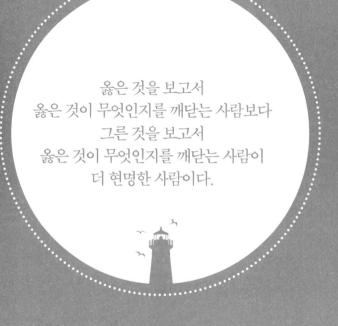

옳은 것을 보고서
옳은 것이 무엇인지를 깨닫는 사람보다
그른 것을 보고서
옳은 것이 무엇인지를 깨닫는 사람이
더 현명한 사람이다.

사소한 행동의 누적이
큰 비극을 가져온다

"

시냇물이 강(江)이 되고, 강이 흘러 바다를 이루듯이 나쁜 습관은 보이지 않는 사이에 착착 쌓인다.—오비리우스

"

습관은 사소한 것이 누적됨으로써 만들어진다. 사소한 것이지만 이것이 누적되어 하나의 습관이 되면 고치기 힘든 또 하나의 천성이 되어 버린다.

시골에 살던 한 여학생이 서울에 있는 대학교에 합격하였다. 그 학교에는 여자기숙사가 있었고, 그 여학생도 기숙사에서 생활하기 시작했다. 한 방에는 두 명이 한 조가 되어 생활했다. 기숙사에 들어온 첫날 밤, 그 여학생은 잠을 잘 생각을 하지 않았다. 같은 방 친구가 그만 잠을 자라고 하였으나, 그 여학생은 먼저 자라고 말하고는 잠을 자지 않았고, 친구는 먼저 잠이 들었다.

친구가 한참을 자고 있는데 잠결에 울음소리가 들렸다. 깜짝 놀라서 잠을 깬 친구가 왜 우느냐고 물어도 그 여학생은 대꾸를 하지 않았다. 이러한 일은 다음날 밤에도 반복되었고, 일주일이 넘도록 지속되었다. 그 같은 행동에 같이 방을 쓰는 여학생도 매일 밤 잠을 설쳐야 했고, 참다못해서 이 사실을 기숙사 사감 선생에게 알렸다.

사감 선생은 그 학생을 조용히 불러서 잠을 이루지 못하는 이유를 물었다. 그러자 그 여학생은 기어들어가는 목소리로 다음과 같은 말을 했다.

"저는 어려서부터 밤에 잠을 잘 때는 아빠가 안아서 재워줬어요. 그 습관은 초등학교 때, 중학교 때, 고등학교 때도 마찬가지였어요. 저는 집에서 잠을 잘 때도 아빠가 안아주지 않으면 잠을 이루지 못했어요."

이 말을 들은 사감 선생은 심각성을 깨닫고 여학생의 아버지를 급히 서울로 올라오게 했다. 연락을 받고 긴급히 올라온 아버지는 쑥스러운 표정으로 말했다.

"저는 떨어져 있으면 그냥 잠을 잘 줄 알았습니다."

사감 선생과 아버지는 여러 가지로 논의를 해보았지만 뾰족한 방법이 없어서 우선 아버지가 1주일 동안 기숙사에 같이 있으면서 밤마다 안아서 잠을 재워주는 방법을 써보기로 했다. 그러자 여학생은 신기할 만큼 잠을 잘 잤다.

일주일 후, 이제는 기숙사에도 정이 들었으니까 딸이 혼자서도 잘 수 있을 것이라고 생각한 아버지는 시골로 내려갔다. 그러나 혼자가 된 여학생은 또 밤에 잠을 이루지 못하고 울었다. 기숙사에서는 옆의 친구를 다른 방으로 가게하고, 그 여학생 혼자 독방을 쓰게 했으나 증세는 조금도 개선이 되지 않았다. 어쩔 수 없이 기숙사에서는 그 여학생을 나가도록 조치했다.

기숙사에서 나온 여학생은 할 수 없이 하숙을 할 수밖에 없었다. 그러나 밤에 잠을 이루지 못하는 것은 여전하였고, 그 여학생의 모습은 마를 대로 말라 보기에도 딱할 정도가 되었다. 이 사실을 보다 못한 학생의 부모는 그대로 내버려두었다가는 딸을 죽이겠다고 생각하고 대학을 그만두게 하고 시골집으로 데리고 내려갔다.

'세살 버릇 여든까지 간다'는 속담이 있는데, 이는 거짓말이 아니다. 사소하게 생각하는 행동의 누적이 이렇게 큰 비극을 가져다주는 것이다.

레미콘 속에 있는 시멘트는 밀가루반죽처럼 힘이 없지만, 그것이 일단 레미콘 속을 빠져나와 굳어 버리면 고치기 힘든 것처럼, 습관도 한 번 굳어지면 고치기 힘들다. 그렇기 때문에 처음부터 좋지 못한 행동은 철저하게 막아주고 습관이 되지 않도록 해야 한다.

환경은 만인에게
차별대우를 하지 않는다

"

자신의 처지를 나쁜 환경 때문이라고 불평만 하는 사람들이 있다. 나는 환경 같은 것은 신용하지 않는다. 이 세상에서 훌륭하게 살다간 인물은 스스로가 일어나서 자신이 바라는 환경을 찾았거나, 또는 만일 그러한 환경을 발견하지 못했을 경우에는 자기 스스로 만들어 내었다. 운명론은 저버려라!—버나드 쇼

"

자기에게 주어진 현실의 상황(환경)에 대하여 불평불만을 하기보다는 주어진 현실에 진심으로 감사하며, 묵묵히 대처하는 사람만이 성공할 수 있다.

부잣집 아들이 한 명 있었다. 그 집에서는 아들을 훌륭하게 교육시키기 위해 온갖 투자를 하였다. 그러나 그 아들은 부모의 간절한 소망에도 불구하고 공부를 하지 않았고, 이것저것 핑계를 대면서 갖가지 요구만 하였다. 부모는 요구조건을 들어주면 공부를 하겠지 하는 생각에 모두 들어주곤 하였다.

그러나 요구조건을 들어주면 또 다른 핑계를 대면서 공부를 하지 않았

다. 나중에는 시끄러워서 공부를 못하겠다고 핑계를 대어서 방음유리로 된 공부방을 만들어 주기까지 하였지만, 아들은 끝내 공부를 하지 않았다.

나쁜 습관 중의 하나가 핑계를 대는 것이다. 핑계를 대는 것은 하고자 하는 의욕이 없다는 것을 스스로 시인하는 것이며, 그렇기 때문에 핑계대기를 좋아하는 사람은 절대 성공하지 못한다.

공부를 하고자 하는 의욕만 있으면 그까짓 공부방이 무슨 필요가 있는가. 또 책상은 무슨 필요가 있으며, 참고서와 과외는 무슨 필요가 있는가. 하고자 하는 의욕만 있다면 복잡한 버스 속에서도, 길을 가면서도 할 수 있는 것이다.

일을 시켰을 때 핑계 대는 사람은 그 요구조건을 다 들어준다고 해도 절대 그 일을 해내지 못한다. 이런 사람에게는 먼저 '할 수 있다'는 자신감이 결여되어 있기 때문이다. 하고자 하는 의욕만 있다면 수단과 방법은 스스로 생기고 어떻게든 길이 열리는 법이다. 그러나 하고자 하는 의욕이 없으면 수단과 방법은 달아나버리고 열렸던 길도 막혀 버린다. 자신이 처한 상황이 어렵더라도 이를 탓하지 않고 묵묵히 노력하는 자만이 성공하며, 신세타령이나 하고 자신의 잘못을 남의 탓으로 놀리는 사람에게는 결코 성공이 있을 수 없다.

환경을 탓하지 마라. 환경은 만인에 대하여 차별대우를 하지 않는다. 먼저 핑계를 대니까 자신에게만 나쁜 환경이 주어지는 것같이 생각되는 것이지, 결코 환경이 차별대우를 하여 자신에게만 나쁜 환경을 가져다주는 것은 아니다.

지혜를 얻기 전에
돈을 얻지 마라

"

지혜를 얻기 전에 돈을 얻은 자는 돈의 주인 노릇을 잠시밖에 할 수 없으리
라. ─T. 풀러

"

돈 자체가 인간을 타락하게 만들지는 않는다. 먼저 인간이 수양을 하지
않았기 때문에 돈이 많아지면 타락을 하게 되는 것이다.

시골에서 고등학교를 졸업하고 청운의 꿈을 안고 서울로 올라온 사람
이 있었다. 그 사람은 특별한 기술이나 학벌이 없었기 때문에 음료수대리
점의 점원으로 취직하여 매일 무거운 음료수상자를 메고 다니면서 열심
히 일을 하였다. 그렇게 몇 년 동안 일을 해서 모은 돈으로 독자적으로 자
신의 대리점을 내었다. 이렇게 서울에서 돈을 벌고 있는 동안 시골에 버
려두다시피 한 땅이, 그 지역의 개발붐으로 인하여 땅값이 갑자기 폭등하
였다. 땅 값이 폭등하자 그 사람은 그 땅을 모두 처분했다.

그 사람은 하루아침에 엄청난 재산을 가진 부자가 되었고, 이렇게 돈이 많아지사 경영하던 대리점도 모두 치워버렸다. 그리고 매일 술집을 전전하며 '고생고생해서 이제는 잘살게 되었으니까 자신도 즐기며 살아야겠다'고 생각하고 무위도식의 경지에 몰입했다. 이렇게 술집에서만 생활하다 보니 여자관계 또한 복잡하게 얽혔다. 결국 본부인하고는 이혼을 하고 다른 여자와 재혼을 하였으나, 복잡한 여자관계는 여전하였다.

돈은 가치 있는 곳에 사용할 때만이 돈으로서의 기능을 충분히 한다. 그러나 돈을 가치 있게 사용하지 않게 되면 인간을 타락의 구렁텅이로 몰아넣은 결과를 가져다준다.

즉, 돈이면 모든 것을 자기 마음대로 할 수 있다는 물질만능과, 배금사상에 빠지게 되면 오히려 돈은 인간을 타락하게 만드는 도구로 전락해 버리는 것이다.

돈을 인간생활의 유익한 도구로 만들기 위해서는 돈을 벌기 전에 먼저 인간이 되어야 한다. 그러면 돈을 아무리 많이 번다해도 거만해지지 않을뿐더러, 그 돈을 사용할 때도 목적 있고 가치 있는 일에 사용한다.

그리고 세대로 된 사람에게 있어서의 돈은 돈으로서의 기능(삶을 살기 위한 수단)을 충분히 발휘하나, 인간이 제대로 되지 않은 상태에서 돈을 벌게 되면 그나마도 없는 인간성을 송두리째 뽑아내어 완전히 쓸모없는 인간으로 만들어 놓는다.

능력은 한곳으로 집중시킬 때
그 효력이 배가된다

"

성공하는 사람은 송곳처럼 어느 한 점을 향해 돌진한다. —보비이

"

능력(노력)을 한 곳으로 모아라. 아무리 훌륭한 능력을 가졌다 할지라도 그 능력을 분산시키면 한 가지도 이룰 수 없게 된다. 하찮은 물방울이 바위를 뚫는 것은 한곳에만 집중하여 물방울을 떨어뜨리기 때문이다.

물총을 서로의 얼굴에 쏘면서 장난을 치던 아이들이 있었다. 한 아이가 먼저 물총으로 얼굴에 쏘면 다시 다른 아이가 따라가서 물총을 쏴서 복수를 하곤 하였다. 그 중에 한 아이가 발걸음이 느린 탓으로 많은 물총 세례를 받았다. 약이 바짝 오른 이 아이는 물총에 물을 잔뜩 넣은 다음 자기에게 물총을 쏜 아이에게 다가가서 얼굴을 향해 쏘았다. 그러나 물이 빨리 나오지 않아 자신도 상대의 물총을 맞았다. 물총 끝의 구멍이 작아

서 물이 빨리 나오지 않았기 때문이었다.

계속해서 물총 세례를 받은 아이는 복수심에 불타 본때를 보여주겠다고 하면서 물총구멍을 더 크게 뚫었다. 구멍을 더 크게 뚫으면 물이 잘 나올 것이라고 생각했기 때문이다.

구멍을 크게 뚫은 아이는 이제는 물이 굵게 잘 나갈 것이라고 생각하고 물을 잔뜩 넣은 다음 친구에게로 다가가서 물총을 얼굴에 조준하고 힘껏 눌렀다. 그러나 물은 굵게만 나올 뿐 1미터도 뻗어나가지를 않았다. 그래서 또다시 친구에게 물총 세례를 받고 말았다.

우리의 능력(노력)도 한곳에 모아야 일을 성공시킬 수 있다. 뭉툭한 방망이로는 아무리 비벼도 구멍이 뚫리지 않고, 뾰족한 송곳으로 비벼야 구멍이 뚫리는 것처럼, 능력(노력)도 한곳에 집중시켜야 어떠한 일이라도 이루어낼 수 있는 것이다.

물총이 멀리 그리고 힘차게 물을 뿜는 것은 작은 구멍이 뚫어져 있기 때문이다 물을 많이 나가게 하기 위하여 큰 구멍을 뚫으면 오히려 물은 세게 나가지 않는다.

'정신일도 하시불성'이란 말이 있고, 또 '한 우물만 파야 물을 얻을 수 있다'는 말이 있듯이, 능력(노력)은 한곳으로 집중시켜야 하며, 그럴 때 능력은 엄청난 효력을 발휘하게 된다. 우리의 몸은 하나이다. 하나의 몸을 가지고 두 의자(두 가지 일)에 동시에 앉을 수는 없다. 두 의자에 동시에 앉으려면 두 의자 사이에 앉아야 하는데, 그렇게 되면 얼마 버티지 못하고 땅바닥으로 떨어지고(실패하고) 만다.

과거를 버려야
새로운 미래를 받아들일 수 있다

"

과거를 슬프게 들여다보지 말라. 그것은 다시 오지 않는다. 현재를 슬기롭게
이용하라. 그것은 그대의 것이다. 용감한 기상으로, 두려워하지 말고 나아가
그림자 같은 미래를 맞으라. —롱펠로우

"

과거에 집착하는 한 그대에게 현재와 미래는 없다. 현재와 미래는 과거에
희생될 수밖에 없기 때문이다. 따라서 현재와 미래를 만나기 위해서는 과
거를 빨리 잊어야 한다. 과거는 아무리 생각하고 후회해도 현재로 돌아올
수는 없는 것이므로.

열렬히 사랑을 나누던 남녀가 결혼을 결심하고 양가 부모님께 인사를
하였다. 그런데 궁합을 매우 중요시 여긴 여자의 부모가 궁합을 본 결과
궁합이 나쁘게 나왔고, 여자 부모는 결혼을 허락하지 않았다. 그러나 이
들은 이에 상관하지 않고 교제를 계속했다. 하지만 여자 부모는 더욱더
완강하였고, 결국 이들은 헤어질 수밖에 없었다. 억지로 헤어진 여자는

실의에 빠져 식음을 전폐하고 누웠다. 여자는 다시 어떤 남자를 만난다 해도 헤어진 남자보다 더 좋은 사람은 만나지 못할 것이라며 애석해 하였다. 헤어진 지 1년이 되어도 여자는 다른 남자를 사귀지 않았으며, 집에서 선을 보라고 해도 응하지 않고 1년 전에 헤어진 남자만을 그리워하고 있었다.

과거의 일에 집착하는 것은 현명한 방법이 못된다. 과거에 집착하는 사람들은 과거와 같은 상황이 앞으로(미래)는 일어나지 않을 것이라고 단정하기 때문이다.

그러나 이것을 반대로 생각해 보면 과거보다도 미래에는 더 좋은 상황이 전개될 가능성도 배제할 수 없는 것이다.

그릇에 구정물이 담겨 있다. 이 그릇의 물을 깨끗한 물로 만들려면 그릇에 담겨있던 구정물을 미련 없이 쏟아버리고, 다시 깨끗한 물로 채워야 한다. 구정물이 아깝다고 계속해서 미련을 가지고 버리지 않으면, 그 그릇에 깨끗한 물을 아무리 부어봐야 그것은 구정물만 될 뿐이다.

우리의 마음도 마찬가지다. 과거를 잊지 못한 상태에서 새로운 일에 열중해봐야 혼돈상태만 계속될 뿐 새로운 것은 들어오지 못하고, 들어온다 해도 과거와 희석되어서 새로운 마음을 가질 수 없다. 그러므로 새로운 것을 받아들이기 위해서는 미련 없이 과거(쓸모없는 과거)를 버려야 하는 것이다. 나뭇잎이 떨어져야 새로운 싹이 돋아날 수 있는 것처럼, 우리도 과거를 깨끗하게 버려야 새로운 미래를 받아들일 수 있고, 마음을 많이 비우면 비울수록 그만큼 새로운 미래를 많이 받아들일 수 있는 것이다.

배움에 있어서 가장 중요한 것은
스스로 하고자 하는 마음가짐이다

"

지식에의 투자가 이윤이 가장 높다. —B. 프랭클린

"

현재보다 장래를 위해서 유익하다고 판단되면 현재 하기 싫은 공부도 강제로 시킬 필요가 있다. 이렇게 하면 현재는 고통스러우나 장래는 그만큼 수월해지는 것이다.

어느 고등학교에 한문 선생님과 영어 선생님이 계셨는데, 두 분은 매우 대조적이었다. 한문 선생님은 수업시간에 농담도 잘하고 재미있는 이야기도 잘 해주었다. 그러나 영어 선생님은 수업시간에는 절대로 공부 이외의 이야기는 하지 않고 오로지 공부만 가르쳤으며, 잘못할 경우 체벌까지 하면서 매우 엄하게 가르쳤다. 따라서 한문 선생님은 학생들에게 인기가 좋았고, 영어 선생님은 전혀 인기가 없었다.

학생들의 수업 받는 태도도 역시 대조적이었다. 한문시간이 되면 배워야겠다는 마음보다는 '오늘은 어떤 이야기를 해주실까' 하고 기대를 하였고, 이야기를 해주지 않고 수업을 하려고 하면 이야기를 해달라고 졸라댔다. 그리고 한문 선생님은 엄하지도 않았기 때문에 학생들은 숙제도 제대로 해오지 않았다. 그러나 영어시간에는 모두가 정신을 똑바로 차리고 수업에 임하였고, 숙제도 철저히 해왔다.

이렇게 해서 1년 과정을 마쳤을 때 학생들의 실력도 완전히 대조를 이루었다. 영어 실력은 최상급의 수준이었으나, 한문 실력은 1년 동안 무엇을 배웠는지조차 모를 정도로 형편이 없었다.

세월이 한참 흐른 뒤에 두 선생님을 평가하는 방법도 달랐다. 영어를 유용하게 사용하고 있는 사람은 '그때는 정말 무서웠어도 선생님이 그렇게 엄하게 하셨기 때문에 내 실력이 이렇게 좋아진 것이다' 하고 영어 선생님을 감사하게 생각하였으나, 신문 한장도 제대로 읽지 못하는 사람은 '그때 한문 선생님이 좀 엄하게 가르쳐 주셨더라면 지금 이러지는 않을 텐데' 하고 한문 선생님을 원망하였다.

배우는 것은 곧 도로를 닦는 것과 마찬가지다. 도로를 만들 때는 힘이 들지만 일단 힘들여서 만들어 놓으면 그때부터는 편안하게 다닐 수 있다.

이처럼 공부를 할 때는 힘이 들기도 하고, 어떤 때는 하기도 싫지만 일단 배워 놓으면 그 후부터는 편안하게 삶을 살아갈 수 있는 것이다.

배움에 있어서 가장 중요한 것은 자신이 스스로 하려고 해야 하는 것이다. 그리고 그에 못지않게 중요한 것은 부모나 선생님의 태도이다.

가르칠 때는 엄하게 다스려서라도 배워야 할 것은 꼭 배우게 해야 한다. 공부를 한다는 것은 참으로 힘들고 따분한 일이다. 그렇게 어려운 일을 농담이나 하면서 가볍게 가르치려고 해서는 안 되는 것이다.

참된 스승은 인기를 얻는 것이 주 임무가 아니다. 제자를 올바로 가르치는 것이 주 임무인 것이다. 따라서 현재는 인기를 잃는 한이 있더라도 자신의 제자에게 확실한 가르침을 주어야 한다. 그렇게 할 때 제자들이 오래도록 기억하고 감사히 여기는 스승으로 남는다.

수양이 없는 지식은
교만한 행동의 도구로 사용된다

"

진정한 지식은 겸손하며 세심하다. 뻔뻔하고 주제 넘는 것은 무식한 것이다. ―J. 글랜빌

"

겸손이 포함되지 않은 지식은 자신은 물론 타인을 해치는 도구로 전락해버린다. 지식은 인격의 형성에 없어서는 안 될 것이지만, 겸손이 포함되지 않는 지식은 오히려 인격을 깎아낸다.

행실이 바르고 마음이 어진 선비 같은 김진사라는 사람이 있었다. 그는 엄청난 재력이 있었음에도 불구하고 있는 체하지 않았으며, 항상 못사는 사람들을 도와주곤 했다.

또한 남의 일에 대하여 이러쿵저러쿵 흠잡는 적이 없었으며, 하인들에게도 관대하였다. 그래서 김진사에 대하여 인자한 양반이라는 소문이 동네방네 자자하였다. 그러나 그런 김진사에게도 한(恨)이 한 가지 있었다.

그것은 재력은 엄청났으나 지식이 전혀 없었던 것이다.

한 마술사가 오랜 노력 끝에 지식이 없는 사람들에게 지식을 갖도록 해주는 '지식의 창고'라는 것을 개발하였다. 지식의 창고라는 것은 아무리 지식이 없는 사람이라 하더라도, 일단 지식의 창고에만 들어갔다 나오면 많은 지식이 몸 안으로 들어와 그야말로 만물박사가 되는 것이었다. 그러나 그 비용이 어마어마하였기 때문에 일반사람들은 지식의 창고에 감히 들어갔다 나올 생각을 하지 못하였다.

지식의 창고가 개발되었다는 소문은 김진사의 귀에도 들어갔다. 지식을 가지지 못하여 한스럽게 살고 있던 김진사에게는 귀가 번쩍 뜨이는 소식이었다. 그래서 그는 많은 돈을 내고 지식의 창고에 들어갔다가 나왔다. 정말 신기하게도 많은 지식이 머리에 들어와 모르는 것이 없을 정도로 만물박사가 되었다. 사람들은 인자한 김진사가 지식까지 가졌으니 이제는 더 인자한 사람이 될 것이라고 수군댔다.

그러나 사람들의 예상과는 달리, 김진사의 행동은 날로 이상해져 갔다. 모르는 사람들을 얕잡아보거나 속여먹고, 없는 사람들을 도와주기보다는 재물을 모으기에 열중했으며, 하인들을 못살게 굴고, 행동은 오만하리만큼 거만해졌다. 인자하던 옛 모습은 털끝만큼도 찾아볼 수가 없었고, 오로지 이기심과 욕심으로 똘똘 뭉친 사람으로 변하였다.

많이 배우면 배울수록 벼처럼 고개를 숙이는 사람이 있는가 하면, 많이 배우면 배울수록 더 교만해지는 사람이 있다. 그러면 왜 많이 배우면 배울수록 교만해지는 사람이 있는가? 그것은 지식을 가짐에 있어서 수양을

함이 없이 단지 딱딱한 도구로서 받아들였기 때문이다.

이렇게 수양 없이 받아들인 지식은 대부분 남을 이용해먹거나 교만한 행동을 하기 위한 도구로 사용된다.

지식을 가질 때에는 그에 못지않게 수양을 쌓는 일에도 소홀함이 없어야 한다. 아무리 영양가가 있는 음식이라도 잘못 먹으면 체하는 것처럼, 지식도 잘 받아들여야 도구가 아닌 진정한 지식이 되는 것이다.

돈의 가치는
사람이 처한 상황에 따라 달라진다

"

돈의 가치를 인식하려면 그 돈으로 살 수 있는 좋은 물건들을 알 필요는 없고, 그 돈을 버는 고통을 체험해야 한다. —P. 에리아

"

돈은 올바르게 번 사람이 쓸 때도 올바르게 쓴다. 그것은 돈의 진정한 가치를 알기 때문이다. 반대로 돈을 올바르게 벌지 않으면 돈의 가치를 모르기 때문에 돈을 쓸 때도 올바르게 쓰지 않는다. 이처럼 돈의 가치는 땀을 흘린 것에 비례하는 것이다.

어느 동네에 엄청난 부자(富者)가 살았다. 그런데 그 부자는 부잣집 사람답지 않게 매우 검소했고, 돈 쓰는 것을 벌벌 떨었다. 옷도 검소하게 입었고, 신문 한장도 버리지 않고 모았다가 고물상에 팔곤 하였다. 그 부자가 그렇게 하는 데는 그만한 이유가 있었다. 그는 6. 25때 월남해서 갖은 고생을 다하면서 돈을 벌어 자수성가한 사람이었다. 자신이 돈을 벌 때

너무 힘들여 벌었기 때문에 그는 돈을 함부로 쓸 수가 없었던 것이다.

그런데 이 사실을 전혀 모르는 주위 사람들은 그 부자에 대하여 구두 쇠라고 손가락질을 하였다.

"그만큼 돈이 있으면 좀 넉넉하게 살지 저게 무슨 꼴이야."

"나 같으면 돈이 많으면 저렇게는 살지 않겠어."

"저렇게 아껴서 죽을 때 가지고 갈 모양이지."

이렇게 모두들 그 부자를 비웃었고, 이렇게 비웃는 소리는 그의 귀에 도 흘러들어갔다.

그 부자가 어느 날 외출하려고 집을 나서는데 동네 사람들이 모여 있 었다. 그는 자신의 삶에 대한 비난을 보상받을 수 있는 기회가 왔다는 것 을 알아채고, 동네 사람들을 향하여 소리쳤다.

"당신들은 나를 구두쇠라고 비웃고 있는데, 만약 당신들이 나같이 돈 을 힘들여 벌었다면 나보다도 더 구두쇠가 되었을 것이오."

돈의 가치는 절대적인 것이 아니고 상대적이다. 억대 부자에게 있어서 돈 만원은 애들 과자 값도 되지 않겠지만, 호주머니에 동전만 덜렁 남은 사 람한테 돈 만원은 엄청나게 크고, 눈이 번쩍 뜨이는 돈이다.

돈의 가치는 사람이 처한 상황에 따라 다르게 느껴지는 것이고, 그렇 기 때문에 돈의 가치는 상대적인 것이다.

그렇다면 어느 때 돈의 가치가 가장 높아지는가? 그것은 그 돈을 벌 때 정당하게 땀을 흘리고 그 대가로 받은 돈이다. 즉 자신의 노력을 들여서 번 돈이 가장 가치 있는 것이다. 반대로 가장 가치 없는 돈은 땀을 흘리지 않고 쉽게 번 돈(불로소득)이다.

돈을 벌 때 힘들여 벌었다면 그때를 생각해서 절대로 가치 없게 함부로 쓰지는 않으나 쉽게 번 돈은 그 돈의 가치나 귀중함을 모르기 때문에 쉽게 써 버린다.

한 개에 몇 백만 원에서 몇 천만 원 하는 명품을 사는 사람들은 분명히 불로소득자들이다. 정당하게 피땀 흘려 돈을 번 사람은 자신의 피땀 어린 돈으로 절대 그런 것을 사지 못한다. 설령 남이 사서 준다고 해도 내키지 않을 것이다. 이런 사람들에게는 정당하게 번 돈만이 진정한 가치가 있고, 또 그것만이 자기 것이라고 생각하기 때문에 부정한 방법으로 생긴 공짜는 절대 바라지 않는 것이다.

자신이 피땀 흘려 모은 재산이라면, 쉽게 돈을 쓰게 해달라고 돼지머리를 삶아 놓고, 1년 내내 고사를 지낸다 해도 탕진하지 않는다. 그리고 그 돈을 사용할 때도 가장 가치 있고 유용한 곳에만 사용한다.

자수성가한 사람들 중에 수전노 같은 사람들이 종종 있다. 우리는 그런 사람들을 비웃는 경우가 있는데, 비웃을 필요가 전혀 없다. 왜냐하면 비웃는 사람은 부자가 되기까지 그 부자가 흘린 땀의 진정한 가치는 모르고 겉만 보고서, 즉 쉽게 돈을 벌어서 부자가 되었을 것이라고 단정해 버리기 때문이다. 그러나 당신이 그 사람들처럼 고생고생해서 모은 재산이 있다면, 당신도 틀림없이 그러한 수전노가 될 것이라 믿어 의심치 않는다.

현명한 사람은
남의 경험을 내 것으로 받아들인다

> "
>
> 조심하는 일에 실패는 별로 없다. 세상일은 처음에는 너그러우나 끝에는 으레 인색해지기 쉽다. 그러나 처음에 대수롭지 않다 하여 경계하지 않으면 마침내는 수습할 수 없게 된다. —공자
>
> "

우리들은 사고가 나지 않으면 앞으로도 계속해서 사고가 나지 않을 것이라고 생각한다. 즉 '설마 나에게 그런 일은 없을 것이다'라고 생각하고 예방을 하지 않는다. 그러나 사고는 예고를 하고 찾아오지는 않는다는 사실을 잊지 말아야 한다.

밤늦게 귀가하다가 납치되어 강간을 당하고, 윤락가에 팔려간 20대 여성이 1주일 만에 경찰의 도움으로 집으로 돌아올 수 있었다. 집으로 돌아온 그녀는 남자만 보면 두려움에 떨었고, 심한 우울증으로 정신적 치료를 받는 등 그 후유증에 시달렸다. 그러나 열심히 교회에 다니면서 신앙에 의지하며 겨우 살아가고 있었다.

몇 년 후, 그녀는 같은 교회에 다니는 남자로부터 청혼을 받았다. 청혼을 받고 그녀는 또다시 갈등과 두려움에 떨었다. 순결을 잃은 죄책감으로 비관적인 나날을 보내다가 결국 그녀는 엄청난 과거를 감당하지 못하고 꽃다운 나이로 자살을 하고 말았다.

이 이야기는 뉴스에도 보도된 바 있는 실제 있었던 일이다.

우리 인간들의 특성은 자신이 직접 경험해 보지 않으면 무섭거나 위험한 줄을 모른다. 사고를 당한 사람들의 공통된 사고방식은 다른 사람들은 다 당해도 나만은 절대로 당하는 일이 없을 것이라고 철저하게 믿는다는 것이다.

강간을 당해 보지 않은 사람은 그 고통을 이해하지 못할 것이며, 남의 집 불구경만 했던 사람은 화재가 얼마나 비극적인 것인가를 뼈저리게 느끼지 못할 것이다.

사고를 당해본 적이 없는 대부분의 사람들은 '설마' 하고 생각하면서 살아간다. 그러다가 막상 사고가 터지면 그때서야 안절부절못하며 대책 마련에 부산을 떤다. 이런 경우를 두고 '사후약방문'이라 하며, 또 '소 잃고 외양간 고친다'고 하는 것이다.

남은 당하지 않아도 나는 당할 가능성을 전혀 배제할 수 없다는 생각을 하고 미리 예방하는 자세를 가져야 사고로부터 보호받을 수 있다. 자신이 직접 체험을 하고서 절실히 깨닫는 사람보다는 남의 경험을 내 것으로 받아들여 경계할 줄 아는 사람이 가장 현명한 사람이다. 설마 하는 사고방식을 가지고 생활하다가 사고를 당하고 난 후에 그때 가서 후회하지 말고, 미리미리 예방하는 길만이 모든 사고를 예방하는 최선의 방법이다.

자유를 너무 구속하면
신경질적으로 폭발한다

"

지나친 자유의 구속은 오히려 그것을 더 하게끔 자극을 하는 결과를 낳는
다.—존 러스킨

"

사람에게는 반발심이 있다. 따라서 너무 구속하면 오히려 더 알고 싶어
하고 행동에 옮기려고 한다. 이에 더하여 무심코 지나치면 아무런 문제점
도 없으나 지나치게 구속을 함으로써 문제점을 유발시키기도 한다.

고등학교 졸업식을 막 마치고 홀가분한 마음으로 교문을 빠져 나온 몇
명의 여학생들이 우선 분식집에 가서 배를 채웠다. 허기진 배를 채운 그
녀들은 학생 출입금지구역이었던 카페로 들어가서 커피를 마시며 자유
를 만끽하였고, 영화를 보기 위해서 극장에 도착하여 미성년자 관람불가
라는 표지가 붙은 영화를 마음 놓고 관람하고 나왔다. 영화를 보고 나온
후 이번에는 노래방으로 가서 목청껏 노래를 불러댔다. 목이 쉬도록 노래

를 부른 이들은 다시 호프집으로 발길을 돌려 술잔을 주거니 받거니 하면서 인사불성이 될 정도로 마셨다. 거리로 나온 이들은 비틀거리면서 "나는 이제 자유인이야." 하면서 즐거워했다.

구속하지 않고 내버려두면 아무 문제점이 없을 일도 지나치게 구속을 함으로써 문제점을 야기하는 경우가 주위에는 많다.

예를 들어 건물에 조그만 구멍을 뚫어놓기만 하면 아무도 들여다보지 않으나, 구멍을 뚫어놓은 다음에 '들여다보지 마시오' 하고 써 놓으면 무심코 지나치려고 하다가도 호기심이 생겨서 한번쯤 들여다보게 된다. 이처럼 하지 말라고 하면 오히려 반발심이 생겨서 또 '그것이 무엇이기에 하지 말라고 하는가' 하는 호기심에 더 하고 싶어 하는 것이다. 그리고 사람을 너무 지나치게 구속하면 신경질적으로 변하게 만들기도 한다. 쥐에 관한 실험을 인용해 본다. 두 마리의 쥐를 한 마리는 넓은 통에, 또 다른 한 마리는 좁은 통에 넣어두었다. 10일 정도 지난 뒤에 관찰해 보았더니 넓은 통에 있던 쥐는 온순하고 느긋해진 반면에, 좁은 통에 있던 쥐는 신경질적이고 사나워졌음을 알 수가 있었다.

사람도 마찬가지다. 자유를 너무 구속하면 오히려 신경질적으로 변하고 결국에는 폭발한다. 따라서 사람의 행동을 일일이 간섭하여 자유를 구속하기보다는 어느 정도의 해야 할 일과 하지 말아야 할 일의 범위를 정해 주고 그 범위 내에서는 자유롭게 행동하게 놔두어야 한다. 이렇게 하는 것이 지나친 구속보다도 더 나은 효과를 거둘 수 있는 방법이 아닌가 생각한다.

진실은
많은 말을 필요로 하지 않는다

> "
>
> 나에 대한 비난을 막기 위해서 집집마다 찾아가 "실은 나는 관계가 없다. 나를 헐뜯고자 하는 말이다."라고 변명을 하면 결과적으로 더욱 나에 대한 비방이 높게 될 것이다. 말을 말로써 막거나, 일을 일로써 무마하고자 함은 마치 흙을 뿌려 먼지를 누르고, 땔나무를 안고 불을 끄려는 격이다. 말을 퍼뜨려 나에 대한 애욕을 씻고자 함은 먹을 흰 비단에 문지르는 격이라 하겠다. ─회남자
>
> "

어떤 것에 대한 지나친 과민반응은 그것을 인정하는 결과를 낳는다. 또 자신이 결백을 지나치게 주장하는 것도 자신이 결백하지 않음을 주장하는 것과 같다. 자신의 행동이 결백하다면 굳이 힘들여 주장할 필요도 없는 것이다.

야유회 문제를 토의하기 위해서 학생들이 한자리에 모였다. 그런데 누가 방귀를 뀌었는지 냄새가 풍기기 시작하였다. 그러자 그 중 한 학생이 큰 소리로 "범인이 누구야. 빨리 자수해서 광명 찾아." 하고 말했다. 그러나 자수하는 사람이 아무도 없었다. 자기가 방귀를 뀌었으니 자수할 사람이 있을 리가 없었다. 그러자 "앞으로 방귀를 뀔 때는 미리 경보를 하여

피할 수 있도록 하든지 밖으로 나가서 처리하도록!" 하고 경고했다.

첫 번째는 이렇게 위기를 넘겼으나 두 번째 생리작용이 염치없이 또 밀려와 다시 실례를 하게 되었다. 방귀를 뀌자마자 이 학생은 곧바로 "또 누구야! 빨리 자수 안 할 거야?" 하고 소리쳤다. 옆에 있던 학생들은 이 말을 듣자 아무 말도 하지 않고 하나 둘 일어나 자리를 옮기기 시작했다. 결국 남은 사람은 자수하라고 큰소리친 학생뿐이었다. 그는 냄새 때문에 다른 학생들을 따라갈 수가 없었던 것이다. 결국 범인이 누구라는 것은 말하지 않아도 드러났다.

자신의 잘못을 남의 탓으로 돌리기 위해서 말을 뒤바꾸는 것은 남을 해치기 위해서 밤송이를 던지려고 하는 것과 같다. 밤송이를 남에게 던지기 위해서 밤송이를 손에 쥐면, 상대방이 찔리기 전에 내 손이 먼저 찔리는 것이다.

승자는 말이 없고, 진실은 많은 말을 필요로 하지 않으며, 결백은 결코 자신의 결백을 주장하려고 애쓰지 않는다. 패자는 말이 많고, 거짓은 변명을 위해 많은 말을 필요로 하며, 결백하지 못할 때 결백함을 주장하려고 안간힘을 쓴다. 그러나 아무리 태연한 척하면서 말로는 결백을 주장한다 할지라도 눈빛과 얼굴색은 감출 수가 없기 때문에, 눈빛과 얼굴색이 달라지면 그자는 이미 자신이 유죄(有罪)임을 확인시켜준 셈이 되는 것이다. 그리고 진정으로 결백하다면 어떠한 비난도 두려워하지 않는 법이다.

물리적인 제재보다 더 무서운 벌은
타인의 눈총이다

> **"**
>
> 너 자신을 누구에겐가 필요한 존재로 만들라. 누구에게든 인생을 고되게 만
> 들지 말라. ―에머슨
>
> **"**

내가 남에게 도움을 주는 행동은 하지 못할망정, 나의 행동으로 인해서
남에게 피해를 입혀서는 안 된다.

야간에 철책근무를 서고 있는 병사들을 순찰하기 위해 중대장이 초소
로 향했다. 한 초소에 가까이 가자 근무를 서고 있던 초소병이 "젓갈!" 하
고 암호를 외쳤다. 그러자 중대장은 암호는 대지 않고 "음, 중대장이다."
하고 말했다. 초소병이 재차 "젓갈!" 하고 암호를 외쳤다. 그래도 중대장
은 "나, 중대장이라니까!" 하면서 암호를 대지 않은 채 초소를 향해 다가
갔다. 그러자 초소병은 사격을 하여 중대장을 사살했다. 다음날, 초소병
은 근무수칙을 잘 지켰다는 칭찬과 함께 표창을 받았고 포상휴가까지 가

게 되었다.

우리가 세상을 살아감에 있어서, 인간으로서 최소한 지켜야 할 것이 있는데, 그것은 바로 불문(不文)의 도덕률(道德律)이다. 이 도덕률을 지키지 않을 경우 벌금이나 제재를 받는 것은 아니다. 그러나 도덕률을 지키지 않게 되면 벌금이나 제재보다도 더 무서운 남으로부터의 '눈총'을 받게 된다.

이 눈총은 외형적으로나 물리적으로 전혀 충격을 주는 일이 없기 때문에 신통치 않게 생각할 수도 있겠으나, 사실은 외형적으로나 물리적으로 제재를 받는 벌보다 더 무서운 벌이다.

현대사회는 거대화되고 물질문명이 고도로 발달하였기 때문에 도덕률만으로는 타인의 침해를 받음이 없이 인간다운 삶을 살아가기 위한 공간을 보장받기가 힘들어졌다. 그래서 인간과 인간 사이의 충돌을 방지하고, 서로 간의 행복을 위해서, 즉 공공복리(公共福利)를 위한 방안으로 불가피하게 법률을 제정하게 되었다.

우리는 법이 있다고 해서 하고 싶은 행동을 하지 않는 삶을 살아서는 안 된다. 법 때문에 또 법이 무서워서 어떠어떠한 행동을 하지 않는다는 사고방식을 가지기에 앞서, 인간의 도리로서 해서는 안 될 행동은 하지 말아야 한다. 법이 무서워서 또 마지못해서 행동하거나, 하지 않는 것은 이성을 가진 인간이라고 볼 수 없다.

남으로부터 존경과 사랑과 인간 대접을 받기 위해서는 법을 떠나서 인간의 도리에 어긋난 행동을 하지 않음과 동시에, 타인에게 모범이 되는 좋은 행동을 해야 한다. 또 다른 사람이 보지 않는다고 하여 무분별하게 행동해서도 안 되며, 남이 보거나 보지 않거나 변함없이 교양 있게 행동해야 한다.

확고한 결단력은
일의 성취를 쉽게 해준다

"

두 마음으로써 한 사람도 얻지 못한다. 그러나 한 마음으로써 백 사람을 얻을
수가 있다.─회남자

"

팽이가 도는 것은 하나의 침이 나와 있기 때문이다. 팽이에다 두 개의 침
을 박아 놓으면 돌아가지 않는 것처럼 한 가지 일에만 전념해야 그 일을
이룰 수 있는 것이다. 그리고 어떤 일이든지 그 한 가지에 미친다는 것은
곧 그 일의 성취를 확고하게 해 준다.

결혼적령기에 달한 한 남자가 결혼하기로 마음먹고 선을 보았다. 먼저
A라는 여자와 맞선을 보았는데, 썩 맘에 들지는 않았지만 싫지도 않았다.
그래서 가끔 만나서 데이트를 하곤 했다. 그러던 중 우연히 친지로부터 B
라는 여자를 소개 받았다. 그 여자도 A처럼 썩 맘에 들지는 않았지만, 싫
지도 않았다. 그래서 그는 A, B 두 여자를 동시에 사귀어보다가 나중에

조금이라도 낫다고 생각되는 여성을 선택하여 결혼해야겠다고 마음먹었다. 그러나 그는 A에게도 B에게도 전념을 하지 못하고 두 여성에게 소홀할 수밖에 없었다. 한 여성에게 정성을 다 쏟아도 이루어질까 말까 하는데, 두 여성 사이를 왔다 갔다 했으니 그 사랑이 제대로 이루어질 리가 있겠는가. 결국 그는 두 여성을 다 놓치고 말았다. 만약 그가 두 여성을 동시에 사귀려고 하기 전에 먼저 확고하게 A든 B든 한 여성에게만 정성을 기울였다면 결혼에 골인했을지도 모른다. 둘을 동시에 잡으려는 어리석음 때문에 둘 다 놓쳐버린 것이다.

A라는 일에 대하여 확고한 결단을 내리지 않은 채 B라는 일을 하게 되면, A라는 일에 미련이 남아 자꾸 생각하게 되고, 잡념이 생겨서 B의 일도 제대로 하지 못하게 되며, 결국 A, B 두 가지 일을 모두 망치는 결과를 낳는다.

그러므로 이런 경우에는 A의 일만을 하든가, B의 일만을 하든가 먼저 확고하게 결단을 내리고 난 다음에 일을 시작해야 한 가지 일이라도 제대로 할 수 있게 된다.

조금의 불이익을 감수하고서라도 확고하게 결단을 내리게 되면 마음이 안정되고 잡념도 없어져서, 한 가지 일에만 전념할 수 있기 때문에 그 일의 성취를 더욱더 쉽게 해 준다. 그리고 한 번 확고하게 결정한 일에 대해서는 절대로 그 결정을 바꾸거나 아니면 계속해서 미련을 가져서는 안 된다. 왜냐하면 한 번 결정한 것을 바꾸거나, 결정한 것에 대하여 계속해서 미련을 떨쳐버리지 못한다면 그것은 결국 확고한 결단을 한 것이 아니며, 오히려 잡념만 불러들이는 결과를 가져오게 되기 때문이다.

용서는 잘못을 진정으로 뉘우칠 때
해주는 것이다

"

하나의 과오를 용서함은, 많은 범죄를 북돋운다. ─푸블릴리우스 시루스

"

관용을 베풀어 다른 사람을 너그러이 용서한다는 것은 그리 쉬운 일이 아니기 때문에 용서를 해 줄 수 있는 사람이야말로 마음이 가장 넓은 사람이다. 용서는 용서 받은 자의 진심을 살 수 있기 때문에 원수관계가 친구관계로 돌려진다.

유치원에 다니는 남자아이가 있었다. 아이가 유치원에 다니면서부터 용돈을 요구하는 횟수가 점점 늘어났으나, 엄마는 아이가 요구하는 대로 돈을 주지 않았다. 그러자 아이는 엄마의 돈을 몰래 꺼내다가 썼고, 이 사실은 곧 엄마에게 발각되었다. 엄마가 꾸중을 하려고 하자 아이는 다시는 그러지 않겠다고 울면서 용서를 구했다. 그래서 엄마는 아

이가 울면서 용서를 비는 모습이 안쓰러워서 더 꾸짖지 않고 용서를 해 주었다. 그런데 용서를 해 준 지 얼마 안 되어서 또 돈을 훔쳤다. 또다시 엄마에게 발각되었고, 꾸짖는 엄마에게 아이는 손이 닳도록 싹싹 빌면서 용서를 구했다. 그러자 이번에도 엄마는 쉽게 용서를 해 주었다. 그러나 이후에도 이러한 악순환은 계속되었고, 결국 아이는 '돈을 훔쳐다 쓰고 발각되더라도 그때만 싹싹 빌면 된다'는 사고방식이 머릿속에 박혀 버렸다.

아이가 계속해서 돈을 훔치는 것은 엄마의 사려분별 없는 '쉬운 용서' 때문이다. 아이의 도벽을 고치기 위해서라도 처음에 돈을 훔쳤을 때에 용서보다는 단호한 조치를 취했어야 한다.

결국 용서를 해 준 것이 용서를 하지 않은 경우보다도 이 아이에게는 더 큰 부작용이 초래된 것이다. 특히 어릴 때의 도벽 등 나쁜 행동은 어떠한 대가를 치르더라도 즉시 바로잡아야 하며, 아이를 아끼고 사랑한다는 명목으로 감싸준다면 걷잡을 수 없는 결과를 초래한다는 사실을 잊어서는 안 된다.

자신의 과거를 뉘우치고 용서를 구할 때는 필연적으로 용서를 해주어야 한다. 그러나 과거를 뉘우치고 있지 않거나, 겉으로만 그런 척함에도 불구하고 용서를 해 준다면 오히려 과거의 잘못을 '잘했다'고 인정해 주는 결과를 가져오기 때문에, 이 경우에는 절대로 용서를 해 주어서는 안 된다. 따라서 용서를 해 줄 때는 용서받을 자가 자신의 과거의 잘못을 인정하고 그 잘못에 대하여 진정으로 뉘우치고 있는가를 확인한 다음에 해야 한다. 용서는 과거의 잘못을 한 마디의 말로 지워버리는 것이기 때문에 용서를 해 준다는 것은 그리 쉬운 일이 아니다. 그렇다고 하여 과거의 잘못에만 집착한 나머지 용서를 하지 않는다는 것도 바람직하지 못하다.

모든 가치는
희소성에 의해서 정해진다

"

지상에서 가장 단명한 것만이, 사랑스러운 것 중에서 가장 사랑스럽다. 피어서 며칠을 못가는 장미는 조각한 꽃보다 중히 여겨진다.—W.C. 브라이언트

"

당장 없어지면 생명을 유지할 수 없는 것이라 할지라도 일단 풍부해서 남아돌면 아무런 가치가 부여되지 않는다. 다이아몬드와 같은 귀금속이 비싼 가치를 가지는 것은 결국 희소하기 때문이다.

눈을 좋아하는 청년이 있었다. 눈이 내리는 날이면 환상에 사로잡혀 온종일 눈을 맞으며 눈길을 걸었고, 추억 속에 잠기곤 하였다. 해마다 늦가을이 되면 첫눈을 손꼽아 기다리곤 했던 청년이 입대를 하게 되었는데, 근무를 하게 된 곳은 강원도 최전방부대였다.

입대해서 처음으로 맞이하는 늦가을이 다가왔다. 청년은 사회에 있을 때처럼 빨리 첫눈이 왔으면 하고 은근히 바랐다. 눈을 좋아한다는 말에

고참병은 "뭐? 이번 겨울만 지나면 아마 눈이 지겨워질 것이다."라고 말해 주었다. 그러나 그는 고참병의 말을 이해하지 못했고, 눈을 좋아하지 않는 것을 오히려 이상하게 생각하였다.

드디어 첫눈이 탐스럽게 내렸다. 그는 추억을 떠올리며 낭만을 즐겼다. 눈을 치우면서도 신이 났다. 입대해서 최고의 행복감을 만끽했다. 이렇게 첫눈이 내린 뒤 며칠 만에 또 눈이 내렸고, 이때도 즐거운 마음으로 눈을 치웠다. 그러나 눈은 하루가 멀다 하고 내렸으며, 한 번 내리는 눈의 양은 엄청나게 많았다. 그래서 군인들의 일과는 눈만 뜨면 제설작업을 하는 것이었다. 자꾸만 내리는 눈에 장병들은 지쳐갔고, 끝내는 증오의 마음으로 눈을 대하고 있었다.

눈을 좋아하던 청년도 몇 번은 환상과 추억에 사로잡혀 눈을 치웠지만, 눈을 치우는 횟수가 점점 늘어감에 따라 눈에 대한 좋은 이미지가 점점 퇴색되어져 갔다. 즉, 첫눈을 맞을 때는 추억과 낭만의 눈빛으로 바라보았지만, 날이 가면서 차츰 눈이 지겨워지기 시작하더니 이제는 눈이라면 지긋지긋하게 여기게 된 것이다.

겨울만 되면 지겹도록 눈을 치운 이 청년은 군복무를 마치고 제대를 하였다. 군대에 있을 때는 그렇게도 많이 내리던 눈이 사회에 나오자 구경조차 하기 어려웠다. 눈이라면 진저리를 쳤던 생각도 잊은 채, 또다시 눈이 그리워졌다.

아무리 좋고 귀한 것이라 할지라도 그것이 너무 많이 존재하면 그 가치는 없어진다. 반대로 아무리 하찮은 것이라도 그것이 희소하면 그 가치는 높게 매겨진다.

눈에 대하여 환상적인 감정을 가졌던 것은 바로 눈이 가끔씩 내렸기 때문이다. 그러나 눈이 너무 자주 내리자 환상적이던 것이 지겨움으로 뒤바뀌었다.

물이나 공기가 지금 당장 없어진다면 우리는 한시도 살지 못하고 죽는다. 이렇게 생명과 직결된 것임에도 불구하고 우리는 그것을 귀중하게 여기거나 가격을 매기지 않는다. 그러나 다이아몬드 같은 보석들은 당장 없어진다고 해도 우리가 살아가는 데는 아무런 영향을 미치지 않는다. 그런데도 다이아몬드에는 엄청난 값이 매겨진다.

이유는 무엇일까. 그것은 바로 희소성이 얼마나 있느냐에 따라서 가치가 매겨지기 때문이다. 즉 물과 공기는 우리의 생명과 직결되어 있기는 하나 너무 풍부하여 우리가 군이 애쓰지 않아도 쉽게 구할 수 있기 때문에 가치가 없는 것이고, 반대로 다이아몬드 등의 보석은 우리의 생명과 무관하기는 하나 너무 희소하기 때문에 엄청난 값이 매겨지는 것이다.

사랑도 마찬가지다. 늘 사랑에 빠져있는 사람은 그것이 귀찮게 느껴져서 그 가치를 부여하지 않으나, 고독한 사람은 군이 사랑이 아니더라도 이성(異性)의 따뜻한 말 한 마디에도 감동을 하게 된다. 결혼 후 권태기를 겪는 이유도 바로 배우자가 항상 옆에 있기 때문이다. 만약 결혼해서 부부가 한 달에 한 번씩밖에 만날 수 없다면 권태기란 말은 국어사전에서조차 찾아볼 수 없을 것이다.

이처럼 인간의 감정에도 희소성의 원칙은 철저하게 적용되는 것이다.

지혜를 짜낼수록
노력은 그만큼 줄어든다

"

책에서 얻은 '지식'은 실생활에서 살려야 비로소 '지혜'가 된다.—필립 체스터
필드

"

지혜는 돈으로 살 수 없는 것도 살 수 있다. 그러므로 지혜는 마음속에 숨어 있는 무한한 가치를 가진 재산이다.

지혜로운 소년이 있었다. 어느 여름 날, 소년은 수박이 매우 먹고 싶어서 주머니를 뒤져봤더니 2천원밖에 없었다. 소년은 2천원을 들고 수박밭으로 갔다.

"아저씨, 제가 수박이 몹시 먹고 싶은데, 제가 지금 가진 돈은 2천원밖에 없어요. 가장 작은 수박으로 하나 주시면 안 될까요?"

수박밭의 주인은 어이가 없는 표정을 지었다.

"예끼 이 녀석아, 2천원이면(아직 익지 않은 작은 수박을 가리키며) 저 수박밖

에 살 수가 없다. 가서 돈을 더 가지고 오너라.”

그래도 수박을 꼭 사야겠다고 마음먹고 곰곰이 생각하던 소년은 한참 만에 이렇게 제안을 하였다.

“아저씨, 그럼 저 수박으로 주세요. 그 대신 저 수박이 다 익을 때까지 절대로 따지 마세요. 수박이 익으면 가지러 오겠습니다.” 그리고는 돈 2000원을 주고 즐거운 듯이 깡충깡충 뛰어갔다.

익지 않은 수박을 사 놓은 지 며칠이 지나자 소년은 다시 수박밭으로 올라갔다. 사 놓았던 수박이 탐스럽게 커서 잘 익은 것을 확인한 소년은 그때서야 수박을 따달라고 하였다.

우리의 두뇌는 지혜의 창고이다. 우리가 아무리 꺼내서 쓴다 해도 마르지 않는 지혜가 가득 숨어 있다. 그러나 우리는 이 지혜를 한 번도 사용하지 않고 그냥 내버려두는 경우가 허다하다.

지혜를 짜내기보다는 쉽게 포기하고, 돈으로 해결하고, 몸으로 때운다. 또 조금만 지혜를 짜내면 쉽게 할 수 있는 일을 땀을 빼면서 매달린다. 지혜를 짜내면 그만큼 노력은 줄어들고 힘도 들지 않는다. 지혜를 동원함이 없이 무작정 할 때 100%의 노력을 기울일 일도, 지혜를 짜내면 50%의 노력만 기울이면 되는 것이다.

지혜를 많이 가진 자가 삶을 알차게 엮어나갈 수 있다. 그리고 세상을 살아나가는 데는 지식보다도 지혜가 더 필요하다. 따라서 지식은 없어도 지혜가 많으면 아무런 불편이나 손해를 보는 일이 없이 슬기롭게 살아갈 수 있다. 초등학교도 나오지 않은 사람이 슬기롭게 삶을 살아가는 반면,

대학교를 나온 사람이지만 삶을 사는 지혜를 터득하지 못하여 슬기로운 삶을 살아나가지 못하는 일이 생기는 것은, 바로 지혜가 있느냐 없느냐의 차이에서 생기는 것이다.

지금
나의 얼굴은 몇 개인가?

> **"**
>
> 진실한 인간이 되려면 이 세상에 대한 허식을 버리지 않으면 아니 된다. 참된 생활을 알려면, 자기에 대하여 핑계 좋은 선으로만 쏠리지 말고 참된 선이란 무엇인가를 그리고 어디 있는가를 정성껏 찾지 않으면 안 된다.—톨스토이
>
> **"**

자신의 행동에 대한 결과를 숨김없이 보여준다면 우리는 징그러워서 보지 못할 것이다. 우리가 우리의 행동에 대해서 죄책감을 느끼지 못하고 살아가는 것은 그 결과를 볼 수 없기 때문이다.

이중생활을 완벽하게 해내는 사업가가 있었다. 집에서는 부인에게 훌륭한 남편으로서의 행동을 하고, 아이들에게는 훌륭한 아버지로서의 임무를 게을리하지 않았다. 이렇게 집에서는 모범적이고 가정적이었지만 일단 가정을 벗어나면 다른 사람으로 변하여 외도를 하였다. 이 사람은 완벽한 연기를 위해서 가정에 더욱더 충실했다. 이렇게 남편의 행동이 모범적이고 가정적이었기 때문에 부인은 남편의 외도를 전혀 눈치 채지 못

하였다.

이러한 생활은 몇 년 동안 계속되었다. 그는 이렇게 부인을 속이고 완벽한 연기를 하면서 전혀 죄책감을 느끼지 않았다. 오히려 자신의 능력이 대단하고 완벽한 사람이라고 자부하면서 생활했다.

어느 날 그는 밤에 잠을 자다가 꿈을 꾸게 되었다. 험상궂고 징그럽게 생긴 괴물이 자신을 계속해서 따라다녔다. 너무나 징그러운 나머지 그는 도망을 쳤다. 그래도 괴물은 그를 따라다녔다. 뛰어가면 뛰어서 따라오고, 걸어가면 걸어서 따라왔다. 계속해서 따라다니는 괴물에게 그가 물었다.

"당신, 내가 무슨 죄를 지었다고 나를 이렇게 졸졸 따라다니면서 괴롭히는 것이요?"

괴물은 이렇게 대답했다.

"나의 정체는 당신의 행동에 대한 결과의 그림자요. 내 모습이 당신이 보기에 징그럽다면 지금 당신이 하고 있는 행동이 이렇게 징그럽다는 뜻이요. 당신의 행위가 올바르고 아름답다면 나의 모습도 아름다운 모습으로 변할 것이요."

이 말을 들은 사업가는 당당하게 괴물에게 따졌다.

"내 행동이 무엇이 잘못됐단 말입니까? 제가 외도를 하지만 그렇다고 처자식을 외면한 적은 한 번도 없습니다. 저는 가족들도 사랑하고 있습니다."

그러자 괴물은 인상을 더 찡그렸다.

"어허, 나의 모습은 당신의 행동에 대한 결과라니까. 만약 당신의 말대로 당신의 행동이 정당하다면 내 모습은 아름다운 모습이 되어 있을 거요. 내 모습을 변화시키려면 당신의 행동을 변화시키면 됩니다."

사업가는 잠에서 깨어났다. 참으로 이상한 꿈이었다. 그는 지금까지 자신의 행동에 대해서 죄책감을 느껴본 적이 없었다. 뜬눈으로 자신의 행동에 대해서 곰곰이 생각해 보았다. '나의 행동이 그렇게 징그럽단 말인가?' 하고.

인간은 지구상에서 가장 뛰어난 가장(假裝)의 천재요, 위장의 천재다. 또 모든 인간들은 외견상 보이는 얼굴과 마음속에 있는 이성(理性)의 두 얼굴을 가지고 있다.

이 두 얼굴은 항상 일치하는 것이 아니며, 때에 따라 위장하여 두 얼굴을 내민다. 두 얼굴 중에 그 사람의 진실한 모습은 이성의 얼굴이지만, 이성의 얼굴은 자기 자신만 볼 수 있을 뿐이며, 타인들은 볼 수가 없다. 그렇기 때문에 타인들은 위장된 외면상의 얼굴에 속아서 억울하게 피해를 당하는 것이다.

지금 나의 얼굴은 몇 개인가. 지금 나의 얼굴은 두 모습이 아닌가. 두 얼굴을 내밀기 위해서 지금 위장을 하고 있지는 않는가. 이성의 얼굴과 외면상의 얼굴을 일치시킬 때 그대의 모습은 가장 아름다운 모습이 된다. 그러나 그렇지 않을 때 그대의 모습은 가장 추한 모습이 된다.

CHAPTER 3

내 인생은 나의 것,
내가 운전한다

슬퍼하는 마음이여, 너무 괴로워하지 말라. 구름 뒤에는 태양이 비치고 있다.
너의 운명은 공통된 운명이고, 어느 정도의 비는 누구의 인생에게도 내리는 법이다.
며칠 동안은 쓸쓸함과 어둠 속에 잠기지 않으면 안 되니까.

- 롱로오

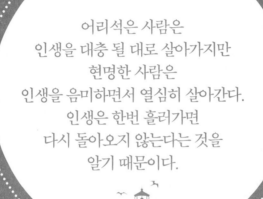

어리석은 사람은
인생을 대충 될 대로 살아가지만
현명한 사람은
인생을 음미하면서 열심히 살아간다.
인생은 한번 흘러가면
다시 돌아오지 않는다는 것을
알기 때문이다.

건강은 인간이 받을 수 있는
최고의 선물이다

"

인생에 있어서 건강은 목적이 아니다. 그러나 최초의 조건인 것이다. —무샤
노코오찌

"

건강은 낮과 같은 것이고, 건강하지 않은 것은 칠흑 같은 밤과 같다. 따라
서 건강하면 낮과 같기 때문에 자신이 하고 싶은 것을 마음대로 할 수 있
고, 보고 싶은 것을 마음대로 볼 수 있으나, 건강하지 않으면 깜깜한 밤과
같기 때문에 보고 싶어도 볼 수가 없고 하고 싶은 것도 마음대로 할 수가
없다.

여름방학이 시작되자 남자대학생 7명이 텐트를 가지고 깊은 계곡으로
야영을 갔다. 이들은 텐트 속에서 밤늦도록 놀고 있었다. 정신없이 놀고
있는데 갑자기 도깨비가 나타났다. 도깨비를 본 학생들이 무서워서 부들
부들 떨자 도깨비가 말했다.

"나는 너희들을 헤치려고 온 것이 아니라, 너희들에게 선물을 한 가지씩 주려고 왔어. 그러니 갖고 싶은 것이 있으면 한 가지씩만 말해 봐. 무엇이든지 다 들어줄 테니까."

그때서야 학생들은 두려움을 버리고 자기가 가지고 싶은 것을 한 가지씩 말하기 시작했다.

첫 번째 학생은 '평생 동안 써도 다 쓰지 못할 만큼의 돈'을 달라고 하였고, 두 번째 학생은 '큰 저택'을 달라고 하였다. 세 번째 학생은 '외제승용차'를 달라고 하였고, 네 번째 학생은 '예쁜 여자친구 10명'을 달라고 하였다. 다섯 번째 학생은 '평생을 먹어도 줄어들지 않을 만큼의 양식'을 달라고 하였고, 여섯 번째 학생은 '아무런 근심걱정 없이 살 수 있는 행복'을 달라고 하였다. 마지막으로 일곱 번째 학생은 '평생을 질병 없이 살 수 있는 건강'을 달라고 하였다.

학생들의 요구를 다 듣고 난 도깨비는, "약속대로 너희들이 원하는 것들을 모두 주마." 하고는 도깨비방망이를 휘둘러서 모두에게 주었고, 학생들은 선물 받은 것들을 가지고 즐거운 마음으로 살았다.

세월이 흘러 30년이 지난 후, 도깨비는 선물을 받아간 그들이 지금은 어떻게 살고 있는지 매우 궁금하였다. 그래서 도깨비는 그들의 집을 방문해 보기 위해 길을 나섰다.

먼저 돈을 선물했던 사람 집으로 갔다. 대문에 들어서자 곡소리가 흘러나왔다. 도깨비가 울고 있는 부인에게 왜 울고 있느냐고 물었더니 그녀는, "우리 남편이 돈을 도둑맞을까봐 매일 근심에 쌓여 살다가 화병으로 죽었기 때문입니다." 하고 대답했다.

슬픔을 안은 채 도깨비는 다시 큰 저택을 선물로 주었던 사람한테로 가 보았다. 그런데 그 사람은 휠체어를 타고 있었다. 도깨비가 "이게 어찌 된 일입니까?" 하고 묻자, 그 남자는 "저택을 수리하기 위해서 페인트칠을 하다가 옥상에서 떨어져서 이렇습니다." 하고 대답을 했다.

자신들이 원하는 것을 주었기 때문에 모두가 편안하고 즐겁게 잘살 것이라고 믿었는데, 사실이 그렇지 않자 기분이 매우 언짢아진 도깨비는 이번에는 외제승용차를 선물한 사람을 찾아갔다. 그런데 그 사람의 집에는 부인과 아들만이 외롭게 살고 있었다. 도깨비가 부인에게 "남편은 어디 갔습니까?" 하고 물었더니, 부인은 도깨비를 마구 때리며 "당신, 우리 남편 살려내! 당신이 준 차를 몰고 가다가 교통사고로 죽었단 말이야." 하고 울부짖으면서 원망하였다.

정신없이 얻어맞은 도깨비는 이번에는 예쁜 여자를 원했던 사람에게로 갔다. 그 집에 들어서자 창백하고 야윈 사람이 걸어 나왔다. 도깨비는 그 사람에게 "혹시 당신은 30년 전 나한테 여자 10명을 선물로 받은 사람이 아닙니까?" 하고 물었더니, 그는 "맞습니다." 하고 대답했다. 그러자 도깨비는 "몸이 왜 이렇게 되었습니까? 그리고 10명의 여자들은 모두 어디로 갔습니까?" 하고 다시 물어보았다. 그러사 그는 한참을 말없이 울다가, "너무 음욕에 빠져 생활하다 보니 제 몸이 이렇게 되었습니다. 제가 남자 구실을 할 수 없게 되자, 여자들은 모두 떠나갔습니다." 라고 대답하고는 계속해서 눈물을 흘렸다.

모두가 하나같이 비참한 신세가 되어버린 모습에 충격을 받은 도깨비는, 더 이상 만나보아야 가슴만 더 쓰라릴 것이라 생각하고는 가던 길을 멈추고 자신의 집으로 돌아왔다. 집으로 돌아온 도깨비는 우울증에 빠져 생활했다. 모든 원인이 도깨비방망이 때문인 것 같아 도깨비방망이를 원망하였고, 도깨비방망이를 내다 버릴까 하고 몇 번이나 생각했다.

그러나 한 달쯤이 지나자, 나머지 사람들은 도대체 어떻게 살고 있는지 궁금해서 견딜 수가 없었다. 그래서 도깨비는 그들을 만나보기 위해서 다시 발길을 옮겼다.

평생 동안 먹어도 줄어들지 않는 양식을 원했던 사람 집으로 갔다. 그 집에 들어서자 어마어마한 거부가 앉아 있었는데, 그 사람은 제대로 일어서지도 못하였다. "그렇게 날씬하던 몸매가 왜 이렇게 되었습니까?" 하고 물었더니 그 뚱뚱보는, "먹고 싶은 음식을 마구 먹다보니 이렇게 되었습니다. 도깨비님 창고에 있는 양식을 다 가져가고 대신 저를 다시 날씬한 몸매로 만들어 주십시오." 하면서 통사정을 하였다.

말없이 그 집을 나온 도깨비는, 아무런 근심걱정 없이 행복하게 살고 있는 사람 집으로 갔다. 집안에 들어서자 따뜻함보다는 냉기가 감돌았다. 도깨비가, "아무런 근심걱정 없이 행복한데 왜 이렇게 집안 분위기가 냉랭하냐?"라고 물어보았더니 그 사람은, "아무 근심걱정이 없으니까 세상사는 맛이 나지 않습니다. 매일 반복되는 삶에 지쳤습니다." 하고 힘없이 대답했다.

도깨비는 힘없는 발길을 돌려 마지막 집으로 갔다. 건강을 원했던 사람 집에 도착하자, 정원이 넓은 깨끗한 집에 승용차도 한 대 있었다. 집안에 들어서자 모든 사람들은 생기가 넘쳐났고, 노랫소리도 울려나왔다. 건강을 선물로 받은 사람은 여전히 건장한 모습이었고, 부인과 아이들도 모두가 건강하였다. 매우 기분이 좋아진 도깨비가, "어떻게 된 것이냐?"라고 물어보았더니 그 남자는 상세하게 대답해 주었다.

"저는 건강한 몸으로 열심히 일을 해서 돈을 벌었습니다. 그래서 먼저 집을 샀습니다. 다음에 저는 제 마음에 드는 여자와 결혼을 했고 예쁜 아이들도 낳았습니다. 그리고 계속 돈을 벌어서 차도 한 대 샀고, 이제 저축해 놓은 돈도 제법 있습니다. 하고 싶은 것도 마음대로 할 수 있고, 먹고 싶은 것도 마음대로 먹을 수 있는 저는 지금 정말로 행복합니다. 이 모든 것은 건강하기 때문입니다."

무릎을 탁 치며 '아, 바로 이것이다!' 하고 깨닫고, 즐거운 마음으로 집으로 돌아온 도깨비는 앞으로 도깨비방망이는 건강을 위해서만 써야겠다고 굳게 다짐을 했다.

돈, 큰 저택, 자가용, 예쁜 여자, 양식, 행복… 이러한 것들은 일시적으로는 달콤하나 장기적으로 볼 때는 무익한 것들이다. 어리석은 사람들은 이러한 것들에 눈독을 들이고 이러한 것들을 얻기 위해서 노력을 집중시킨다.

그러나 이러한 것들은 건강만 뒷받침되면 지절로 굴러들어와 모든 것을 누리며 살 수 있는 것이다.

건강하면 돈을 벌 수 있고, 돈이 생기면 집도 차도 살 수 있으며, 먹고 싶은 음식도 마음대로 먹을 수 있고, 또 건강하면 자신의 마음에 드는 여자와 결혼을 해서 아이도 낳을 수 있다. 또 이러한 것들이 충족되면 행복은 스스로 찾아온다. 그러므로 위와 같은 것들에 대하여 전혀 부러움을 가질 필요가 없으며, 진정 부러워할 것은 건강이다.

　현재는 비록 가진 것이 없어도 건강만 있으면 모두 얻을 수 있으며, 현재는 가진 것이 많아도 건강이 뒷받침해 주지 않으면 하나도 남김없이 빼앗긴다.

부러워하면
지는 것이다

어느 누구도 타인의 입장을 부러워하지 않는 사람은 없고, 또 자신의 입
장에 대하여 100% 만족하는 사람도 없다. 이것은 세상사람 모두에 대하
여 공통된 사고방식이다.

새상 속에서 사는 잉꼬가 있었다. 이들은 겨우내 방안에서만 갇혀 있
었기 때문에 매우 답답했다. 봄이 되자, 주인이 새를 밖에다 잠시 내 놓았
다. 그때 어디선가 지친 모습의 참새 한 마리가 새장 곁으로 날아들었다.
참새는 잉꼬에게 배가 몹시 고프니 먹을 것을 달라고 하였다. 잉꼬는 자
신이 먹던 먹이를 조금 나누어주었다. 먹이를 주자 참새는 허겁지겁 먹었
다. 배를 채우고 난 참새는 "당신을 보니 참으로 부럽군요. 가만히 있어도

먹이를 주고, 추우면 따뜻하게 해주니 얼마나 좋습니까?" 하고 말하면서 잉꼬를 매우 부러워했다.

그러자 잉꼬는 "무슨 말씀입니까. 답답해서 죽겠습니다. 새장 밖으로 나가서 넓은 하늘을 마음껏 날아보았으면 원이 없겠습니다." 하고 답답해했다. 그러자 참새는 "그런 소리 하지 마세요. 우리는 먹이도 스스로 구해야죠, 비가 오면 비를 맞아야죠, 추울 때는 떨어야죠, 여간 불편하고 힘든 것이 아닙니다."라고 말하고는 여전히 잉꼬를 부러운 눈초리로 바라보았다. 그래도 잉꼬는 "어쨌든 답답한 새장을 벗어나서 마음껏 날아보고 싶습니다."라고 말했다.

자신의 처지에 대하여 우리는 얼마나 만족하며 살아가고 있는가? 자신이 살고 있는 집에 대하여 100% 만족하고 사는 사람이 얼마나 있고, 자신이 종사하고 있는 직업에 대하여, 자신이 먹고 있는 음식에 대하여 100% 만족하고 있는 사람이 과연 얼마나 있을까?

새는 물고기가 되고 싶어 하고, 물고기는 새가 되고 싶어 하는 것과 같은 마음이 모든 인간들의 마음속에도 숨어 있다. 그러나 한 대의 TV를 가지고 두 방송(두 프로)을 동시에 볼 수 없는 것처럼, 우리가 원하는 이중적인 생활을 동시에 할 수는 없는 것이다. 그리고 완전무결한 만족이란 있을 수 없기 때문에 우리는 불만족도 감수하면서 살아가야 한다.

내 인생은 나의 것,
내가 운전한다

"

내 손에는 실패와 성공을 좌우하는 씨앗이 있다. 그러므로 나의 장래는 나의
두 손이 좌우한다. ─지그 지글라

"

내 인생은 내가 운전하고 있다. 그러므로 내 인생은 나의 자유로운 선택
에 의하여 나에게 가장 유익하고 가치 있게 엮어나갈 수 있는 것이다.

이 이야기는 이탈리아의 전설이다.

아름다운 두 시가 내려다보이는 어느 산꼭대기에 천재 노인이 살고
있었다. 그 노인은 어느 누가 어떠한 질문을 한다 해도 모두 맞추었다고
한다.

어느 날, 심술궂은 한 아이가 그 노인을 놀려주기 위해서 새 한 마리를
가지고 노인한테로 갔다. 아이는 손에 새를 쥐고 노인에게 이 새가 살았
는지 죽었는지 맞추라고 했다. 그랬더니 노인은 이렇게 대답해 주었다.

"이놈아, 내가 만일 그 새가 죽었다고 하면 너는 손을 펴서 새를 날려보낼 것 아니냐. 이놈아, 너의 손은 새를 죽일 수도 있고 살릴 수도 있는 힘을 가지고 있는 것이야."

성공된 인생을 살 것인가 아니면 실패된 인생을 살 것인가는 전적으로 내손에 달려 있다. 나의 능력을 어떻게 활용하느냐에 따라서 성공도 할 수 있고, 실패도 할 수 있는 것이다.

다시 말해서 내 인생은 내가 운전하고 있기 때문에 내가 운전을 어떻게 하느냐에 따라서 안전운전(성공)이 될 수도 있고, 사고운전(실패)이 될 수도 있는 것이다.

내 인생의 주인은 오로지 나밖에 없다. 그리고 내 인생을 대신 살아줄 사람도 없기 때문에 내 인생은 내 스스로 개척해 나가야 한다.

깨달음이란
무엇인가?

> "
>
> 인생의 목적은 사는 것이다. 그리고 산다는 것은 깨닫는 것을 뜻한다. 기쁘게,
> 고요히, 성스럽게 깨닫는다는 것이다.—H. 밀러
>
> "

삶은 깨달음에 의하여 더욱더 의미가 있고, 눈에 보이지 않는 모든 것은
깨달음에 의하여 볼 수 있다. 깨달음이란 곧 잠(의식)에서 깨어나는 것을
뜻하며, 깨닫지 못하는 사람은 눈을 뜨고 있다 해도 잠을 자고 있는 사람
과 같다.

　제자가 스승에게 물었다.
　"스승님, 깨달음이란 무엇입니까?"
　스승은 이렇게 대답해 주었다.
　"깨달음이란 잠에서 깨어나는 것이며, 깨닫지 못하는 것이란 잠을 자
고 있는 것이니라."

그러자 제자는 이해가 가지 않는 듯 다시 물었다.

"스승님, 우리는 매일같이 밤에 잠을 자고 아침에 일어나는데, 그리고 이 같은 행동은 모든 사람이 똑같이 하는데 그것이 어떻게 깨달음이 될 수 있습니까?"

"너는 지금 눈을 뜨고 있지만, 네 몸 안에 있는 '의식'은 잠을 자고 있다. 눈을 뜨고 있다고 해서 다 깨어있다고 볼 수는 없느니라. 눈을 뜨고 있다고는 해도 우리의 몸 안에 있는 '의식'을 잠재우고 있으면 그는 잠을 자고 있는 사람과 다를 것이 없느니라."

스승의 말에 제자는 알았다는 듯이 고개를 끄덕였다.

깨달음이란 무엇인가. 그것은 우리의 몸 안에서 숙면에 빠져 있는 '의식'을 깨우는 일이다. 그것은 아무나 할 수 있는 일이며, 도인(道人)이 될 필요도 없고, 수도승이 될 필요도 없다.

또한 깊은 산속에 가서 도를 닦을 필요도 없고, 깨닫기 위해서 억지로 자세를 갖출 필요도 없다. 그저 일상생활을 하는 가운데 문득문득 닥쳐오는 일에 대하여 우리의 의식을 발동하면 되는 것이다.

그리고 이 깨달음은 지금까지의 과오를 깨끗이 씻어내고, 앞으로의 삶에 대하여 과거의 잘못을 되풀이하지 않게 하는데 그 목적이 있다. 다시 말해서 잘못된 과거와의 고리를 끊고 새로운 미래를 기약하는 계기로 만드는 것이 바로 깨달음인 것이다. 따라서 깨달은 바가 내면의 세계에 머물러 있어서 삶을 살아가는 데 전혀 도움을 줄 수 없다면 그것은 이미 무가치한 깨달음이다.

늘 의식을 깨워 놓아야 한다. 그래야 닥치는 일들을 극복해 나갈 수 있다. 많이 깨달아라. 그리고 그 깨달은 바를 행동으로 실천하라. 그러는 가운데 우리의 삶은 가치가 있어질 것이다.

욕심은 부린 만큼
그 대가를 챙겨서 떠나간다

"

욕심이 지나쳐서 망하는 자는 있어도, 욕심이 없어서 위급에 몰리는 사람은
없다. ―회남자

"

욕심은 부리면 부릴수록 그만큼 우리한테서 그 대가를 톡톡히 빼앗아
간다.

신혼부부가 가을이 되자 배 밭으로 배를 먹으러 갔다. 배 밭에 도착하
니 누렇게 익은 배가 탐스럽게 열려 있었다. 배를 사먹는 방법은 두 가지
가 있었다. 하나는 이미 따놓은 배를 한 개에 1천원씩 사서 깎아 먹는 것
이고, 다른 하나는 1인당 1만원씩만 내고는 배 밭에 들어가 먹고 싶은 만
큼 마음대로 직접 따 먹는 것이었다. 이들 부부는 어떻게 할까 잠시 망설
이다가 2만원을 주고는 쟁반과 칼을 받아서 배 밭으로 들어갔다.
먼저 큼직한 배부터 골라서 따먹었다. 두 개까지는 그야말로 꿀맛이었

다. 3개를 먹자 배가 불러왔고, 아내는 더 이상 못 먹겠다고 했다. 그러자 남편은 '본전이 얼만데 그만 먹느냐'며 큰 배를 더 따줬다. 아내는 남편의 본전 타령에 한 개를 더 먹었으나 더 이상은 도저히 먹을 수가 없었다. 남편도 배가 불렀으나 본전 생각에 계속해서 따먹었다. 남편은 5개를 먹고 나더니 이제는 더 이상 먹을 수가 없다면서 포기했다. 이들 부부는 본전을 찾기 위해서 억지로 배를 따서 먹었으나 결국은 본전을 찾지 못하고 배 밭을 나왔다.

배 밭을 나오면서부터 이들 부부의 뱃속은 심상치가 않았다. 갑자기 단것을 많이 먹었기 때문에 뱃속이 부글부글 끓기 시작한 것이다. 그리고 이 부부는 밤새 번갈아가며 화장실을 들락거려야만 했다.

욕심 때문에 행복을 빼앗기고 불행하게 살아가고 있는 사람은 얼마나 많은가! 돈에 욕심을 부리다가 건강과 생명을 빼앗긴 사람이 얼마나 많은가! 음욕 때문에 철창 속에서 세월을 보내고 있는 사람은 얼마나 많은가!

이들 부부가 배를 조금만 사가지고 가서 깎아 먹고 오든지, 아니면 2만 원의 돈을 내고 들어갔더라도 적당히 먹고서 분위기를 즐기다 왔다면 밤새 화상실 신세는 면했을 것이다. 본전에 집착하는 어리석은 욕심 때문에 오히려 손해를 본 것이다.

이처럼 욕심은 부린 만큼 대가를 톡톡히 챙겨서 떠나간다. 그런데 어리석기 짝이 없는 인간들은 대가를 톡톡히 치르고서야 깨닫는다. 그리고 더 어리석은 인간들은 대가를 치르고서라도 계속해서 대가를 빼앗긴다.

'공수래공수거'
물욕에 집착하지 마라

> "
> 인생에서 많은 고통을 면하는 최상의 방법은 자기의 이익을 아주 적게 하는
> 일이다. —쥬베르
> "

죽으면 10원짜리 동전 하나 가져가지 못하고 땅속으로 돌아가는 것이 인생인데, 왜 그렇게 물질(돈)에 욕심이 많은가. 살아있는 동안만 불편을 느끼지 않으면 훌륭한 인생인 것을.

전쟁이 끝난 뒤 사회가 불안할 당시는 땅의 주인이 없었다. 누구나 말뚝을 박아놓고 새끼줄을 쳐놓으면 자기의 땅이 되었다. 그래서 사람들마다 많은 땅을 차지하기 위해 서로 경쟁을 하면서 새끼줄을 쳤다. 욕심을 부리지 않고 자신이 살 만큼의 땅에만 새끼줄을 쳐 놓은 사람이 있는가 하면, 되도록 많은 땅을 차지하기 위해서 안간힘을 쓰는 사람이 있었다. 그 중에 아주 욕심이 많은 사람이 있었는데, 많은 땅에 새끼줄을 쳐서

땅을 차지했음에도 불구하고 그에 만족하지 못했다. 좋은 땅은 이미 많은 사람들이 차지하였기 때문에 이제 남은 땅은 절벽이 많은 산밖에 없었다. 그 산에 오르는 것은 위험한 일이었기 때문에 다른 사람들은 아예 올라갈 생각도 하지 않았다. 그러나 욕심 많은 그 사람은 그 산마저도 차지하기 위해 가족들이 말리는데도 불구하고 산을 오르기 시작하였다. 그리고 정신없이 새끼줄을 치면서 산을 오르던 그는 중간쯤 올라갔을 때 그만 낭떠러지로 떨어져 죽고 말았다. 욕심 많은 이 사람이 죽은 뒤 차지한 땅은 관 하나 묻힐 자리 정도였다. 죽으면 관 하나 묻힐 땅밖에 필요치 않은 것을, 많은 땅을 차지하려는 어리석은 욕심으로 인하여 죽음을 맞이한 것이다.

우리 사회에는 이처럼 어리석은 사람들이 많이 있다. 농사를 짓지 않는 한 집을 지을 수 있는 땅만 있으면 되고, 자신이 발 뻗고 잘 수 있는 집 한 채만 있으면 되는데 무엇 하러 그렇게 많은 땅과 집을 사 두는지 이해할 수가 없다.

수십만 평의 땅이 있어도 자신이 실제로 사용할 수 있는 땅은 수십 평에 불과하고, 수십 채의 집이 있어도 자신이 실제로 살 수 있는 집은 단 한 채 뿐이다.

알렉산더 대왕은 임종 때 "내가 죽거든 묻을 때 손을 밖에 내놓아 보이게 묻으라."고 유언을 했다. 이 유언을 듣고 신하들은 의아해 했다. 그러자 알렉산더는 "세상 사람들에게 천하를 쥐었던 이 알렉산더도 세상을 떠날 때는 빈손으로 갔다는 것을 보여주기 위해서이다."라고 설명해 주었다.

'인생이란 빈손으로 왔다가 빈손으로 가는 것'이라는 옛말이 있다. 맞는 말이다. 빈손으로 왔으니까 빈손으로 가는 것이 가장 마음 편한 것이다. 그렇지 않고 많은 부동산을 사두거나, 또 많은 돈을 모아두면 죽을 때 고통스러워진다. 아깝기 때문이다.

이 세상에 존재하는 모든 물건들은 우리가 영원히 소유할 수 없는 것들이다. 우리가 머무르는 동안만 잠시 빌려 쓸 수 있을 뿐이다. 이 세상에 있는 물건들을 영원히 소유할 수 있다고 착각하고 그것들을 자신의 손안에 넣기 위해서 인생을 소비하는 사람들이 있는데, 그들은 매우 어리석은 사람들이다.

우리는 남의 물건을 빌려오면 사용한 다음 다시 돌려주며, 그것을 자기 물건이라고 생각하지 않는다. 마찬가지로 우리가 지금 사용하고 있는 물건들도 우리 후손들로부터 살아있는 동안만 빌려 쓰고 있는 것에 불과하다. 따라서 우리가 죽으면 한 개도 가져가지 못하고 다시 돌려주고 가야 한다. 몇 수십억 하는 땅도, 호화찬란한 집도, 번쩍번쩍하는 자가용도, 몇 백만 원 하는 밍크코트도, 몇 십만 원하는 외제스타킹도 죽으면 모두 두고 땅속으로 돌아가야 한다. 이래도 당신은 이런 것들을 영원히 소유하려고 안간힘을 쓸 것인가.

인생이란 한 세상에 잠시 와서 머무르다 가야 하는 손님이다. 천년만년 살지 못하고 잠시 동안만 머물렀다 가야 하는 손님에 불과한 것이다. 그러므로 욕심을 부릴 필요도 없고 머무르는 동안만 편안하게 살다가 가면 되는 것이니, 재물에 대하여 지나친 욕심을 부릴 필요가 없다.

희망과 함께 살아가는 것이
삶의 노른자이다

"

희망과 인내는 만병을 다스리는 치료약이니, 역경에 처하여 의지할 가장 믿음직한 자리요, 가장 부드러운 방식이다. —R. 버튼

"

희망을 가지는 것만으로 성취되는 것은 아니다. 희망을 가짐과 더불어서 열심히 노력할 때만이 현실로 성취되는 것이다.

2차 세계대전 때 크레이턴 에이브람스 장군과 그의 부하들은 적에게 완전히 포위를 당하였다. 적은 북쪽, 동쪽, 남쪽 그리고 서쪽에도 있었다. 즉 사방 포위 상태에 놓여 있었다. 그러나 이 보고를 받은 장군은 부하들에게 다음과 같은 용기백배의 말을 하였다.

"여러분, 전쟁이 시작된 지 처음으로 우리는 지금 사방 공격을 할 수 있는 절호의 기회를 맞이하였습니다!"

장군은 자신들이 처한 위기를 희망으로 돌려놓아 부하들에게 용기를

주고자 했던 것이다.

어떠한 난관이 밀려온다 해도 희망만은 잃지 말아야 한다. 희망은 한 줄기의 빛과 같아서 어두운 불행과 고통 속에서 헤쳐 나올 수 있도록 길을 밝혀줌과 동시에, 열성의 인생을 살아가도록 뒤에서 밀어주는 보이지 않는 후원자 역할을 하기 때문이다.

또한 희망은 밝은 미래를 예고함으로써 현재의 자신의 처지를 비관하지 못하게 만들고, 이에 더하여 밝게 생활할 수 있도록 이끌어 준다. 열심히 살아가고 있는 사람치고 희망이 없는 사람은 아마 한 사람도 없을 것이다. 희망이 없다는 것은 곧 죽음을 의미한다. 우리들은 희망이 없을 때 무력감에 빠져들고 삶의 의욕을 상실하게 되며, 결국은 좌절하고 만다. 자살을 하는 것도 미래에 대한 희망이 없기 때문이며, 결국 죽음으로써 희망 없는 인생을 마감하는 것이다. 그러나 우리에게 희망이 있으면 현실이 아무리 고달프고 고통스러워도 미래에 대한 확신을 가지고 열심히 살아간다.

희망을 가짐에 있어 실현 가능성이 희박한 희망을 가진다거나, 또 자신의 분에 넘치는 희망을 가져서는 안 된다. 자신의 분에 맞고, 실현 가능성이 있는 희망을 가지는 것이 중요하다. 왜냐하면 희망을 가진다고 하여 저절로 성취되는 것은 아니고, 희망을 가짐과 더불어 성취를 위하여 자신이 직접 노력해야 하기 때문이다. 작고 소박한 희망을 가지고, 그 희망이 하나하나 현실로 실현되어 나갈 때 삶의 보람은 더욱 배가된다.

희망은 성취되는 것도 물론 중요하고 즐거운 일이지만 희망의 성취를 위해서 열심히 노력하는 그 자체가 매우 중요하다. 즉 희망을 안고서 희망과 함께 살아가는 것이 삶의 노른자인 것이다.

진리나 성공의 지름길은
평범한 삶 속에 있다

진리는 특수한 말이나 장소에만 있는 것이 아니다. 가장 보편적이고 타당
한 진리는 항상 우리 주위에 있다.

무위도식하고 있는 백수건달이 남산으로 놀러갔다. 남산으로 올라가
는 도중에 할아버지가 길거리에서 관상, 손금, 사주팔자 등을 봐주는 것
을 발견했다. 백수건달은 자신의 장래를 점쳐 보고자 할아버지께 "제가
지금 놀고 있는데 언제쯤 직장을 구할 수 있겠습니까?" 하면서 관상을 봐
달라고 했다. 할아버지는 이 말 저 말을 하며 관상을 봐주다가 "자네가 직
장을 가지느냐 못 가지느냐는 자네가 얼마나 노력을 하느냐에 따라서 결
정될 것이야. 그러니 돌아가서 열심히 노력을 해봐." 하고 말해 주었다. 그

랬더니 백수건달은 "그런 말은 숱하게 들었어요. 그런 말 못하는 사람이 어디 있어요." 하면서 화를 내며 복채도 주지 않고 가버렸다.

우리는 진리는 특수한 말에만 있고, 성공의 지름길은 특수한 곳에만 있으며, 또 어떤 일을 하는 데도 특수한 방법이 있는 것으로 착각한다.

그러나 진리나 성공의 지름길은 바로 우리의 삶 속에 있는 것이며, 결코 특수한 말, 장소, 방법이 있는 것이 아니라는 사실을 명심할 필요가 있다. 위의 얘기에서 보듯이 관상을 봐주는 할아버지의 말은 사실 누구나 할 수 있는 말이다. 그래서 우리 인간들은 '평범한 말'이라는 이유 하나만으로 그 말의 중요성을 깨닫지 못하고 실행에 옮기지 않는다.

그러나 바로 이 말이 진리라는 사실을 알아야 하며, 이 평범한 말을 실행에 옮기느냐 옮기지 않느냐에 따라서 훌륭한 인생을 살 수 있느냐 그렇지 않느냐가 결정된다는 것을 잊지 말아야 한다. 위의 얘기에서 청년이 백수건달이 된 것은 이 말이 '평범한 말'이라는 이유 하나만으로 실행에 옮기지 않았기 때문이다. 그리고 더 중요한 것은 이 평범한 말을 실행에 옮기지 않는 한, 청년은 계속해서 백수건달로 남아 있을 수밖에 없다는 사실이다.

'인생은 스스로 만들어(개척해) 나가야 한다'는 이 말이 '가장 평범하고, 누구나 할 수 있는 말'이라고 단정 짓는 사람도 있을 것이다. 그러나 이 세상에서 성공한 모든 사람들이 이 평범한 말을 실행에 옮겼기 때문이라는 사실에 주목할 필요가 있다. 따라서 당신이 훌륭한 인생을 살고 싶다면 다른 길에서 방황하지 말고 이 평범한 말을 실행에 옮기면 되는 것이다.

부와 빈은
한곳에 머물러 있지 않는다

"

부(富)와 빈(貧)은 돌고 돌며, 유전되는 것이 아니다. ―니키 마론

"

자식에게 많은 유산을 물려주었다고 해서 그 자식이 반드시 계속해서 잘 사는 것만은 아니며, 가난을 물려주었다고 해서 계속해서 가난하게만 사는 것도 아니다.

난로 위에 처음부터 뜨거운 물을 올려놓으면 찬물을 올려놓는 것보다 빨리 끓는다. 그러나 이보다 더 중요한 사실이 있다. 주전자 물이 차가운지 뜨거운지 보다는 난롯불이 잘 타느냐, 잘 타지 않느냐가 더 중요한 것이다. 아무리 뜨거운 물을 난로 위에 올려놓는다 해도, 난롯불이 꺼져 버리면 물이 끓기는커녕 식어 버리고 만다. 그러나 주전자 물이 찬물일지라도 난롯불이 잘 타면 물이 끓는 것은 시간문제이다.

우리의 삶에서 유산이 차지하는 비중은 난로 위에 얹어져 있는 주전자의 물에 불과하다. 주전자의 뜨거운 물은 많은 유산을 물려받은 경우로, 주전자의 찬물은 가난을 유산으로 물려받을 경우로 각각 비유될 수 있다. 주전자의 물을 끓이는 데는 그 물이 차갑고 뜨거운(유산을 많이 물려받았느냐, 가난을 물려받았느냐) 것은 전혀 문제가 되지 않고, 오로지 난롯불이 잘 타느냐 잘 타지 않느냐(유산을 물려받은 자식이나 가난을 물려받은 자식이 얼마나 잘살려고 노력하느냐)에 따라서 물이 끓느냐(잘사느냐) 물이 끓지 않느냐(못사느냐)가 결정된다. 따라서 부모가 아무리 많은 유산을 준다 해도 자식이 노력하지 않으면 아무 소용이 없는 것이다.

삶은 변함없이 떠오르는 태양이 아니라, 하루하루 변하는 달과 같은 것이다. 즉, 못사는 사람이 늘 못사는 것이 아니며, 잘사는 사람이 늘 잘사는 것이 아니듯이 부와 빈은 돌고 도는 것이다.

물론 유산을 많이 물려받고 출발하면 가난을 유산으로 물려받은 사람보다는 유리한 입장에서 삶을 쉽게 개척해 나갈 수 있을 것이다. 그러나 이것은 자식의 노력과 의지가 강한 것이 전제되어야 하며, 만약 그렇지 않다면 오히려 가난을 유산으로 불려받은 사람보다도 못한 결과가 나타나게 된다.

가난을 유산으로 물려받으면 부모를 원망한다. 그러나 부와 빈은 한군데만 머물러 있지 않고 돌고 도는 것이라는 사실을 깊이 깨달아야 한다. 가난을 유산으로 물려받았다고 해서 실망하거나 원망하지 말라. 잘사는 사람은 항상 잘살고, 못사는 사람은 항상 못산다면 어디 세상 살맛이 나

겠는가. 누구나 열심히 노력하면 반드시 잘살 수 있다는 사실이 우리를
살맛나게 만드는 것이다.

노동은
행복의 원천이다

"

노동(일)은 인류의 생활 토대이며, 인간의 생활 복지, 그리고 행복의 원천이
다. ―카이로프

"

보람된 인생을 살기 위해서는 열심히 일을 해야 한다. 일 속에는 성취와
보람과 행복이 가장 많이 숨어있는 삶의 보고(寶庫)가 있기 때문이다.

직장에 다니는 한 여성이 있었다. 이 여성은 지하철을 한 시간쯤 타고
다니면서 출퇴근을 했다. 그러나 출퇴근시간대의 지하철은 매우 복잡하
기 때문에 출퇴근하는 것이 너무 고통스러웠다. 그래서 그녀는 직장 다니
는 것에 싫증을 느꼈고, 너무 힘들었기 때문에 직장을 그만두고 시집이나
가야겠다고 마음먹었다. 그리고 얼마 후 그녀는 직장을 그만두고 선을 봐
서 결혼을 하였다.
결혼 후 얼마간은 남편이 벌어다주는 월급을 가지고 생활하면서 편안

하게 지냈다. 그러나 그 생활이 약 1년쯤 지속되었을 때 그녀는 집안에만 있는 것이 따분하고 갑갑해지기 시작했다. 남편을 출근시키고 집안일을 대충 정리하고 나면 너무나 무료해서 견디기가 힘이 들었다. 음악을 듣고 TV영화를 보는 것도 하루 이틀이지, 모든 것에 흥미가 없어졌다.

그녀는 직장생활을 하던 때가 그리워지기 시작했고, 다시 직장에 다니고 싶은 생각이 밀물처럼 밀려왔다. 결국 그녀는 남편과 상의 끝에 보험회사의 주부사원으로 취직을 하게 되었다. 그녀가 다시 취직을 한 것은 생계 때문이 아니라, 단지 집에서의 따분함과 무료함에서 탈피하기 위함이었다.

아무 일도 하지 않고 생활하는 것처럼 지겹고 고통스러운 것은 없다. 세상에서 가장 고된 일은 바로 무위도식하는 것이다.

우리는 종종 일을 하지 않고 계속해서 놀았으면 좋겠다고 생각한다. 이렇게 하면 얼마동안은 즐거울 것이나 어느 정도의 기간이 지나면 지겨워서 못 견딜 것이다. 얼핏 생각하기에는 아무런 일도 하지 않고 생활한다면 무척 행복하고 즐거울 것같이 생각되지만, 일을 하지 않으면 아무런 보람도 성취도 얻지 못하기 때문에 지루하고 따분해서 견딜 수가 없는 것이다. 실업자한테 계속해서 놀고 싶은지, 아니면 무슨 일이라도 하고 싶은지를 물어 보면 반드시 무슨 일이라도 하고 싶다고 대답할 것이다. 노는 것도 하루 이틀이며, 계속해서 놀면 지겹고 따분하다. 아마 실업자는 이 말에 동감할 것이다.

일을 하지 않으면 달콤한 휴식의 즐거움도 맛볼 수 없다. 열심히 일한 대가로 주어지는 것이 바로 휴식이기 때문에 일을 하지 않고 노는 사람에게는 휴식이라는 단어조차도 찾아볼 수 없는 것이다.

그러므로 우리에게 할 수 있는 일이 주어진다는 것에 대하여 감사하게 생각하여야 하고, 우리에게 할 일이 있다는 것보다 더한 행복은 없다는 것을 깨달아야 한다.

일을 많이 하면 할수록 그 만큼 성취도 많이 할 수 있고, 그 성취감 속에서 삶의 향기도 느낄 수 있다. 또 슬픔이나 불행도 일을 함으로써 물리칠 수 있다. 즉 열심히 일을 하여 일의 즐거움에 파묻히면 슬픔이나 불행이 들어올 틈이 없게 되는 것이다.

남을 지나치게 의식하면
나의 삶이 고달파진다

"

사람들은 있는 그대로보다 더 훌륭해 보이기를 바란다.—키케로—또 사람은 누구나 자기의 정직성을 그의 실제 행동과 생각보다 과장해서 말한다.—베이컨

"

남을 의식(물질적 의식)하지 말라. 내가 굶주린다 해서 나를 불쌍하게 여기고 쌀 한 톨 갖다 줄 사람은 없다. 남들은 내가 잘되면 시기와 질투를 일삼고, 내가 잘못되면 희열을 만끽한다.

서울남자와 부산여자가 오랜 교제 끝에 결혼을 하게 되었다. 이들은 신혼시절에는 돈이 없었기 때문에 월세방을 얻어, 그것도 비라도 오면 혹시 물이 샐까봐 걱정할 정도로 허름한 집에서 신혼살림을 시작하였다.

이들 부부는 하루라도 빨리 전셋집으로 옮기기 위하여 열심히 맞벌이를 하였다. 수년 동안 열심히 아끼고 노력한 끝에 전셋집 대신에 아파트를 당첨 받아서 이사를 하게 되었다.

처음 아파트에 들어갔을 때는 너무도 좋아서 하루는 큰방, 하루는 작은방, 하루는 거실, 이렇게 돌아가면서 잠을 자는 등 내 집이라는 행복함을 만끽했다.

그런데 집은 좋았으나 집안을 장식할 물건(세간)들이 없어서 아쉬웠다. 그래서 이들은 가구 등을 사다 놓기 위해서 다시 열심히 일을 하였다.

그러던 어느 날 퇴근해서 집으로 돌아온 남편이 갑자기 아내를 졸라 댔다.

"우리 차 한 대 사야겠어. 셋방살이하는 친구들도 차가 있는데, 아파트가 있는 내가 자가용이 없다는 것은 말이 안 되는 거 같아. 우리 가구 같은 것은 나중에 사고 차부터 사자."

아내는 어이가 없었지만 내색하지 않고 남편을 달랬다.

"당신 직장까지 가는 데 걸어서 10분밖에 걸리지 않는데 차가 무슨 필요가 있어요. 그리고 돈도 없는데 무슨 돈으로 차를 산다고 그래요. 융자 갚기도 벅찬데. 우리 돈 벌어서 융자 다 갚고 또 가구도 사 놓고 그러고 나서 차를 사요."

그러나 남편은 친구들한테 기가 죽어서 창피하다며 차를 사자고 얼굴만 마주치면 졸라댔다. 끈질긴 남편의 성화에 아내는 백기를 들었고, 결국 할부로 차를 사고 말았다.

출근을 하기 위해서 새로 산 차를 몰고 나갔다. 출근길의 교통은 한 마디로 생지옥이었다. 걸어서 가면 10분밖에 안 걸릴 거리인데, 차를 몰고 회사에 도착하니 20분이 걸렸다. 짜증이 났지만 그래도 새 차를 몰고 가는 기분에 참을 수 있었다. 그러나 참는 데도 한계가 있는 법, 날이 갈수록 짜증은 더 났다. 차라리 걸어 다니는 것이 더 낫겠다는 것을 절실히 깨달았다. 그래서 차를 아파트 주차장에 세워 놓고는 걸어서 출퇴근을 하였다. 차는 주말에만 한두 번 이용하는 꼴이 되었다. 이렇게 되자 아내는 "거봐, 내가 뭐라고 했어요. 이게 뭐야, 그렇잖아도 돈이 부족한데." 하면서 계속 바가지를 긁어댔고, 그럴 때마다 남편은 후회를 했다.

사람들은 대개 자신의 능력이 100이라면 어떻게 부풀려서라도 100 이상으로 보이기 위해서 온갖 허영을 부린다. 그러나 그렇게 한다고 해서 남이 더 알아주는 것도 아니고, 오히려 시기와 질투의 대상이 될 뿐이다.

우리나라 사람들 중에서 진정으로 자가용이 필요해서 산 사람이 얼마나 될까. 그렇게 절대적으로 필요치 않는데도 불구하고 남에게 과시하기 위해서나, 기죽지 않기 위해서 구입한 사람들도 상당수 있을 것이다. 원래 차는 기동수단인데, 언제부터인가 자기과시용으로 변해 버렸다.

우리는 남을 지나치게 의식한다. 자신의 분수에 넘치더라도 남이 승용차를 사면 나도 사야하고, 남이 좋은 옷을 입고 다니면 나도 좋은 옷을 입어야 하고, 남이 해외여행을 가면 나도 가야 한다면서 분수없이 행동을 한다. 그러나 그렇게 한다고 해서 나에게 이로운 게 무엇이 있겠는가. 나의 삶이 고달파지는 것 외에는 아무것도 없다.

고통은 지나가고
미(美)는 남는다

> "
>
> 인생의 희망은 늘 괴로운 언덕길 너머에서 기다리고 있다.─몽테뉴
>
> "

일곱 빛깔 무지개는 소나기가 내린 뒤에야 볼 수 있는 것과 같이, 인생의 참맛도 고난과 역경, 좌절과 실패를 겪고 난 뒤에 진정으로 느낄 수 있는 것이다. 평탄하고 순조로운 삶도 물론 즐겁고 편안하겠지만, 무지개와 같은 인생의 참맛이나 희열, 행복감은 느끼지 못한다.

　프랑스의 유명한 화가인 르누아르는, 노령에 관절염으로 인해서 손이 불구로 변하게 되었다. 그래도 그는 그림 그리는 작업을 멈추지 않았다. 그의 친구인 예술가 앙리 마티스는 그가 불구의 몸으로 그림 그리는 모습을 지켜보았다.
　어느 날 친구인 마티스가 르누아르에게 물어보았다.

"왜 고통을 참아가며 그림을 그리는가?"

그러자 르누아르는 이렇게 짧게 대답했다.

"고통은 지나간다. 그러나 미(美)는 남는다."

의식주 걱정 없이 넉넉하고 편안하게만 사는 것이 삶의 종착역은 아니다. 잘사는 삶이란 물질만능주의에 빠져 편안하게만 사는 삶이 아니다. 열심히 노력도 해보고, 도전도 해보며, 실패도 해보고, 좌절도 느껴보고, 고통도 겪어 보면서 사는 것이 제대로 된 삶이다.

그러는 가운데서 우리는 인생의 참맛도 느낄 수 있는 것이다.

평범하게 자란 사람은 그저 평범한 사람밖에는 되지 않을 뿐더러, 죽었을 때 이름도 함께 사라진다. 그러나 보라, 죽었어도 이름 석 자가 남은 위대한 사람들의 뒷이야기를. 죽었어도 이름 석 자가 남은 사람들은 살아 있을 때 남과 다른 시련과 고통을 이겨내며 살아왔다는 사실을 우리는 그들의 자서전 등을 통하여 잘 알 수가 있다.

우리는 텔레비전프로나 영화를 볼 때, 또 소설책을 읽을 때 단순하게 사건이 전개되는 것보다는 다양한 변화를 겪으면서 사건이 진행될 때 더 흥미를 느끼며, 시청하거나 읽는다. 이처럼 우리의 삶도 다양한 변화를 겪을 때 삶의 맛을 느끼며, 반대로 삶이 단순하고 변화가 없으면 삶의 맛을 느끼지 못하고 싫증을 느끼게 되는 것이다.

도시의 샐러리맨들이 삶에 싫증을 느끼고 도시를 벗어나고 싶어 하는 이유가 무엇일까? 늘 반복되고 변화가 없는 쳇바퀴 인생 때문이 아닌가? 단순하고 변화가 없는 삶은 우리에게 육체적인 안락만 가져다 줄 뿐(몸만

비대해진다) 정신적인 만족은 채워주지 못한다. 단순한 영화나 TV프로, 소설 등을 흥미 없어 한다는 것 자체가 바로 우리 인간들은 삶의 변화 속에서 행복을 느낀다는 증거인 셈이다.

우리는 변화가 있는 새로운 삶을 추구한다. 변화가 있고 새롭게 살기 위해서는 너무 안락한 삶을 추구하기보다는 다소 고통을 겪더라도 의욕적으로 활동하면서 살아가야 한다.

우리의 육신(肉身)은 편안하게 살거나, 열심히 활동하며 살거나 다 같이 죽으면 땅속에 묻혀서 흙이 된다. 따라서 살아 있는 동안 이것저것 도전도 해보고 성취도 하면서 변화 있는 삶을 살아가야 할 것이다.

마음이 게을러지거든
나보다 나은 사람을 생각하라

"

일이 뜻대로 되지 않을 때는 나보다 못한 사람을 생각하라. 원망하고 탓하는 마음이 절로 사라지리라. 마음이 게을러지거든 나보다 나은 사람을 생각하라. 정신이 절로 분발되리라.—홍자성

"

자살하려고 마음먹었다면 자살해라. 육신(肉身)만 남겨놓고 죽음으로써 모든 것을 해결하려고 했던 자신의 썩어빠진 정신을 죽여 버려라. 그러고 나서 인생을 새롭게 시작하라.

직장에서 해고된 청년이 울분을 참지 못하고 그 회사 건물의 옥상으로 올라가서 뛰어내리겠다고 자살소동을 벌였다. 회사에서는 이 사실을 경찰에 신고했고, 경찰이 출동하였다. 현장에 도착한 경찰은 청년이 뛰어내릴 것에 대비하여 신속하게 바닥에 매트리스를 깔았다.

그런 다음 경찰관은 메가폰을 잡고 자살소동을 중지하고 내려올 것을 종용하기 시작했다. 그러나 어떤 말을 해도 청년은 도무지 들으려 하지를

않았고, 계속해서 뛰어내리겠다고 소동만 벌였다. 아무리 설득을 해도 청년이 말을 듣지 않자 화가 난 경찰관이 소리쳤다.

"야, 빨리 뛰어내려. 너같이 썩어빠진 정신을 가진 자는 이 세상에 살아있을 가치가 없는 거야. 빨리 뛰어내려!"

그러면서 바닥에 깔아 놓았던 매트리스를 다 치우도록 하였다. 바닥에 있던 매트리스를 치우기 시작하자 그 장면을 물끄러미 내려다보고 있던 청년은 무슨 생각이 들었는지 조금 전까지 뛰어내리겠다고 소동을 벌이던 것을 중지하고 자기 스스로 옥상에서 걸어 내려왔다. 그에게 경찰관이 물었다.

"자네, 뛰어내리지 왜 걸어 내려왔나?"

청년이 짧게 대답했다.

"오기가 생겼기 때문입니다."

사람이 가장 애착을 가지고 아끼는 것은 '목숨(생명)'이다. 사람들은 자신이 위기에 처하면 제일 먼저 "살려주세요!" 하고 소리치는 것을 보더라도 죽음을 눈앞에 둔 사람은 목숨이 얼마나 소중한 것인지를 알 수 있다.

또 몸이 아파서 병원에 갔을 때 의사가 불치병이라는 진단을 내리면 "돈은 얼마가 들어도 좋으니 제발 살려만 주세요." 하면서 애원을 한다. 이렇게 아끼고 소중하게 생각하는 생명을 자기 스스로 버린다는 결심을 하려면 엄청난 용기가 필요하다. 그런 용기를 다른 일에 사용한다면 어떠한 고난과 역경도 능히 헤쳐 나갈 수 있으며, 목숨을 버린다고 생각하면 이 세상에서 못할 일은 한 가지도 없는 것이다.

이순신 장군은 전쟁에 임하는 병사들에게 "살려고 하는 자는 죽을 것이요, 죽으려고 하는 자는 살 것이다."라고 말해서 병사들의 용기를 북돋아 주었다. 병사들도 이 말에 큰 용기를 얻어서 왜군과의 전재에서 승리를 거두었다.

우리의 삶도 무기만 들지 않았을 뿐 크게 보면 하나의 전쟁이나 다름없다. 즉 사회는 하나의 전쟁터이고, 나 이외의 모든 사람들은 이기심으로 똘똘 뭉쳐진 나와 싸울(경쟁할) 적(상대자)들인 것이다. 따라서 충무공의 말처럼 죽기를 각오하고 이 세상을 살아 나간다면 고난이 희망으로 뒤바뀔 것이다.

자살은 부모의 가슴에 못을 박는 행위인 동시에 자기 생명에 대한 살인 행위이다. 그러므로 자살하겠다는 마음을 가지기에 앞서 오기를 가지고 다시 일어서는 용기를 가져야 한다. 그렇게 자살을 결심할 정도의 뼈아픈 고통이었다면 죽을 때 죽더라도 열심히 살다가 죽어야 하지 않겠는가. 목숨이 다하는 날까지 오기로라도 버텨봐야 하지 않겠는가. 이러한 오기도 없다면 차라리 태어나지 말았어야 하리라. 이 세상은 썩어빠진 정신을 가진 사람이 살아남을 수 있는 곳은 아니니까.

세상은 결코 사람이 못 살 나쁜 곳은 아니다. 우리의 개척 여하에 따라 우리의 이상을 충분히 펼칠 수 있는 공간이다. 또 세상은 성공한 사람만을 필요로 하는 것은 아니며, 실패한 사람도 있어야 한다. 탤런트라고 해서 다 잘생기고 예쁜 사람만 필요한 것이 아니고, 배역에 따라서 잘생긴 사람도 필요하고 못생긴 사람도 필요한 것처럼 말이다.

우리들은 세상을 살아가면서 자기보다 나은 처지에 있는 사람을 부러

위한다. 이렇게 생각하는 것은 자칫 세상 살맛을 잃게 만들기도 한다. 세상을 자기 의지대로, 또 살아가는 맛을 느끼면서 살아가기 위해서는 나보다 낮고 못한 처지에 있는 사람들을 바라보고 생각하면서 살아가야 한다. 나보다 못한 사람들도 열심히 살아가고 있다는 생각을 하게 되면 새로운 힘이 절로 솟아날 것이기 때문이다.

건강으로 돈을 벌 수 있지만, 돈으로 건강을 얻을 수는 없다

"

건강한 자는 건강을 모르고, 병자만이 건강을 안다는 것이 의사의 격언이다.
―T. 칼라일

"

건강은 나무뿌리와 같다. 아무리 무성한 가지와 잎도 뿌리로부터 양분이 전달되지 않으면 결국 말라 죽는다. 이와 마찬가지로 아무리 명예를 얻고, 재산을 얻는다 해도 건강이 뒷받침해 주지 못하면 물거품이 되어 버린다.

큰 기업체의 사장이 있었다. 그는 무일푼으로 시작해서 재산이 몇 백억이나 되도록 자수성가한 사람이었다. 그럼에도 불구하고 그는 돈을 벌기 위해서 억척같이 일을 하였고, 어떤 때는 밤을 꼬박 세워가면서까지 일을 하였다. 그러한 생활 때문에 자신의 건강을 돌볼 틈도 없었다. 그러던 어느 날 그가 쓰러지고 말았다. 병원에 실려 간 그는 말기 암으로, 앞으로 2개월밖에 살지 못한다는 진단을 받았다. 낙심한 그는 외국의 유명 병원으로 가서 병을 고쳐 보려고도 했으나 모두가 가망이 없다고 하였다. 살아있을 날이 30여일 정도 밖에 남지 않자 그는 만나는 의사마다 붙들고 "내 병을 낫게 해 주면 내가 가진 재산을 모두 주겠소." 하며 호소를 하였지만 소용이 없었다. 그리고 그는 끝내 그 많은 재산을 남겨둔 채 세상을 떠나고 말았다.

한번 기울은 가세(家勢)는 노력하면 다시 세울 수 있으나, 한번 기울은 건강은 아무리 노력을 하여도 다시 회복될 수는 없고, 아무리 유명한 사람도, 아무리 재산이 많은 사람도 죽음 앞에서는 고개를 숙일 수밖에 없다.

또한 건강으로 돈을 모을 수는 있지만, 돈으로 건강을 얻을 수는 없다. 건물의 기초가 주춧돌이듯이, 인간생활의 기초는 건강이다. 건물을 세울 때 주춧돌(기초)을 튼튼히 세워야 그 위에 수십 층의 빌딩을 세워도 무너지지 않는 것처럼, 우리도 건강을 튼튼히 해놓아야 모든 노력이 빛을 발한다.

천하를 얻는다 해도 '나 자신이 죽으면 아무 소용이 없다. 그런 의미에서 건강은 이 세상에서 가장 소중하고 가장 큰 재산이다. 그리고 고장 난 기계가 무용지물인 것처럼, 인간의 육체는 건강하지 않으면 아무 쓸모가 없다. 그러므로 어떤 일을 하든지 간에 건강을 최우선적으로 돌보면서 추진해야 한다.

욕심을 부리면 부릴수록
만족은 줄어든다

> **"**
>
> 우리를 가장 강렬하게 사로잡는 것은 욕심이다. 이 욕심은 절대로 만족되는
> 일이 없고, 만족하면 할수록 증대한다. —톨스토이
>
> **"**

욕심을 부리면 부릴수록 그만큼 만족은 멀리 달아나 버리니, 도대체 만족
이란 있을 수 없고 그에 따라 후회도 늘어만 간다.

월간지 기자가 이달의 특집기획의 주제로 삼은 '살아온 인생에 대한
만족도'를 취재하기 위해 각계의 원로를 찾아다니면서 인터뷰를 하고 있
었다.

그는 각계의 원로들에게 다음과 같이 똑같은 질문을 던졌다.

"살아온 인생에 대하여 후회하지 않습니까?"

먼저 원로 정치가에게 질문을 하자 그는 이렇게 대답했다.

"대통령이 되지 못한 것이 후회스럽고 한스럽다."

이번에는 원로 배우에게 질문하였다. 명배우로 이름을 날렸던 그는 이렇게 말했다.

"젊었을 때 더 좋은 작품을 남기지 못한 것이 후회스럽다. 다시 청춘으로 돌아가고 싶다."

이번에는 원로 가수에게 질문을 던지자, 이런 대답이 돌아왔다.

"여러 개의 방송국 중에서 유독 한 방송국에서만 가수왕을 차지하지 못해서 그것이 늘 애석하다."

이번에는 기수를 돌려 대기업의 원로 회장에게 질문했더니, 그 회장 역시 자신이 살아온 인생에 대해 못내 아쉬워했다.

"조금만 더 치밀하게 계획을 세워서 사업을 추진했더라면 기업이 더 확장했을 터인데……"

마지막으로 누추한 집에서 글을 쓰고 있는 원로 작가를 찾아갔다. 작가는 해탈한 사람처럼 대답했다.

"후회는 없습니다. 저는 이것으로 만족합니다."

어느 누구보다도 후회스러울 것이라고 지레 짐작했던 기자는 의외의 대답이 나오자 다시 물었다.

"왜 후회가 되지 않으십니까?"

원로 작가는 태연하게 대답해 주었다.

"욕심을 버리고 살아왔기 때문이지요."

욕심을 부리고 산 사람일수록 후회가 더 크게 남는 이유는 무엇일까. 욕심과 만족은 서로 상반 관계에 놓여 있기 때문에, 욕심을 부리면 부릴수록 만족은 그만큼 줄어들고, 욕심을 버리면 버릴수록 만족은 그만큼 늘어난다.

또한 후회와 만족도 상반 관계에 놓여 있어서 만족이 줄어들면 후회는 늘어가고, 만족이 늘어갈수록 후회는 사라진다. 그렇기 때문에 만족하기 위해서는 필연적으로 욕심을 줄여야 하고, 후회를 하지 않기 위해서는 만족하여야 하는 것이다.

욕심에게는 포만이란 있을 수 없고, 오히려 만족을 시켜주면 줄수록 더 큰손을 벌린다. 코뚜레를 낀 소를 인간들이 이리저리 끌고 다니면서 부려먹는 것처럼, 이 욕심도 인간을 가만히 쉬게 놔두지 않고 이리저리 끌고 다니면서 피곤하게 만든다.

코뚜레를 낀 소가 명령에 복종해야 하는 것처럼, 욕심이라는 멍에에 걸려들면 아무리 돈이 많고, 명예가 있고, 권력이 있는 사람이라도 욕심의 명령에 복종할 수밖에 없다.

배고픈 사람은
음식 투정을 하지 않는다

>
> "
>
> 음식에 가장 좋은 양념은 공복(허기)이고, 마실 것에 가장 좋은 음료는 갈증이다.—소크라테스
>
> "

입맛이라는 것은 희소가치에 의해서 결정된다. 아무리 맛있는 것이라도 풍족하면 입맛이 없어지고, 아무리 맛이 없는 것이라도 아주 적으면 입맛이 도는 것이다.

　군에 입대하여 신병훈련을 받을 때는 밥을 먹고 나서 1시간만 지나도 배가 고팠다. 사회에서 생활할 때는 흰 쌀밥에 고기반찬을 먹어도 맛이 없던 식사가 군대에서는 왜 그렇게도 맛있고 소화가 잘 되는지, 아마 군대에 갖다오지 않은 사람은 모를 것이다.

　훈련을 받기 시작한 지 2주째 되는 어느 날이었다. 저녁식사를 하기 위해서 식당에 갔는데 조교가 오늘 저녁에 건빵이 한 봉지씩 배급된다고 말

했다. 그 말을 들은 병사들은 갑자기 수군거리면서 저녁식사도 하는 둥 마는 둥 했다.

저녁식사가 끝나고 내무반으로 돌아온 병사들은 건빵이 배급되기만을 눈이 빠지게 기다리고 있었다. 사회에 있을 때는 건빵을 주면 잘 먹지 않았는데, 왜 그리도 건빵이 그리워지는지 참으로 알 수 없는 노릇이었다. 기다리던 건빵이 점호가 끝나고 취침시간 직전에 배급되었다. 조교들은 건빵을 배급해 주면서 사물함에 넣어 두었다가 다음날 먹으라고 했다. 그러나 병사들의 입맛은 그 건빵을 고이 모셔두고 잠을 잘 상황이 아니었다.

모든 병사가 하나같이 건빵봉지를 뜯은 다음 모포를 뒤집어 쓴 채 먹기 시작했다. 이 광경을 지켜보고 있던 조교가 안쓰러워 보였는지 기상을 시킨 다음 건빵을 먹고 자라고 했다. 물 한모금도 먹지 않고 건빵 한 봉을 순식간에 먹어치웠다. 입속에서는 군침이 절로 돌았기 때문에 물은 필요가 없었다.

그렇게 배고픈 훈련기간이 끝나고 실제로 복무할 부대로 배치가 되었다. 배치가 되어서 내무반에 가보니 한쪽 귀퉁이에 병사들에게 배급된 건빵이 수북이 쌓여 있었다. 각 병사들에게 배급된 것을 제때 병사들이 먹지 않기 때문에 그렇게 쌓여 있었던 것이다. 고참병들이 우리(신병)들에게 가져다 먹으라고 하기에 우리는 훈련받을 때의 건빵 맛을 떠올리며 얼른 가서 먹었다. 그러나 이상하게도 훈련소에서 먹었던 건빵의 맛이 제대로 나지를 않았다. 그리고 다음날이 되어도 건빵은 더 이상 줄어들지가 않고 다시 쌓여 갔다.

시장이 반찬이라는 옛말이 있듯이 풍족하면 입맛이 없어지는 것이다. 배고픈 자의 된장국은 고깃국보다도 훨씬 더 맛이 있지만, 배부른 사람이 먹는 고깃국은 된장국보다도 더 맛이 없는 것이다.

우리나라의 음식문화는 급속한 경제발전과 더불어 놀라울 만큼 획기적으로 변했다. 꽁보리밥으로 배를 채우고 그것도 모자라 고구마나 감자로 끼니를 때우던 시절이 엊그제 같은데 이제는 이러한 음식들은 별식으로 자리를 내주고 말았다. 요즘은 아무리 가난해도 쌀밥을 먹는 것은 기본이 되어 버렸다. 그럼에도 불구하고 우리는 음식 투정을 한다. 흰 쌀밥에 고기반찬으로 식사를 하면서도 말이다. 이렇게 음식 투정을 하는 이유는 한마디로 모든 음식들이 너무나 풍족하기 때문이다.

우리는 종종 옛 맛을 찾기 위해서 특별히 요리를 해보기도 하고, 또 특별한 식당을 찾아가서 먹어보기도 하나 옛 맛은 찾지 못한다. 그건 당연한 일이다. 그 이유는 지금의 음식 자체가 맛이 없다기보다는 음식이 너무 풍부하기 때문에 입맛이 없어져 버렸기 때문이다. 옛날에 먹었던 음식의 맛이 좋았던 것은 음식 자체의 맛이라기보다는 그 음식이 귀했기 때문이다

따라서 우리의 음식문화가 발달하여 모든 것이 넘쳐 남아도는 현실에서 옛 맛을 찾는다는 것은 불가능한 일이며, 다시 어려운 상황이 오지 않는 한, 옛 맛을 찾는다는 것은 더더욱 불가능하다. 따라서 옛 맛을 찾기 위해서 애쓸 필요도 없고, 또 옛 맛을 찾지 못했다고 해서 음식이나 입맛을 탓할 필요도 없다. 모든 원인이 너무 풍족하기 때문이므로.

결혼은 완성품을 갖는 것이 아니라 만들어가는 것이다

"

결혼을 신성하게 할 수 있는 것은 오직 사랑이며, 진정한 결혼이란 사랑으로
신성해진 결혼뿐이다. —톨스토이

"

내 마음에 쏙 드는 결혼 상대자를 찾는 사람만큼 어리석은 사람도 없을
것이다. 자기 자신이 마음에 들지 않을 때도 있을 터인데 하물며 남이, 그
것도 이성(異性)이 어떻게 내 마음에 쏙 들 수 있다는 말인가.

마흔 살 다 되도록 시집을 못간 노처녀가 있었다. 그녀한테 물어보
았다.

"왜 아직까지 결혼을 하지 않고 있습니까?"

그녀는 이렇게 대답했다.

"저는 결혼 상대자를 선택함에 있어서 제 마음에 100% 드는 사람만을
찾았기 때문이지요. 그러나 그런 남자는 한 사람도 없었어요."

노처녀는 그동안 선을 수십 번 보았다고 한다. 그러나 그녀는 어릴 때부터 자신의 마음에 100% 들어야 결혼하지 그렇지 않으면 결혼하지 않겠다고 생각해 왔었기 때문에, 선을 보러 나갔다 자신의 성에 조금이라도 차지 않으면 주저 없이 '노' 하고는 그냥 들어오곤 했다. 이렇게 반복된 생활을 계속하다 보니 어느덧 나이가 40세가 훌쩍 넘게 되었던 것이다.

그녀와 대화를 나누어 보았다.

"지금도 결혼 상대자를 그렇게 100% 마음에 드는 남자를 구합니까?"

"지금 와서 생각해 보니 저의 생각이 어리석었습니다. 100% 마음에 드는 사람이란 존재할 수도 없는데 제가 헛된 망상에 사로잡혀 있었던 것 같습니다. 이제는 50% 정도만 저의 마음에 들어도 결혼할 작정입니다."

선을 많이 보면 그만큼 더 좋은 상대자를 고를 것이라고 생각할지 모르나, 그렇지만은 않다. 나중에 선택을 하고서도 자꾸만 먼젓번 남자들의 좋은 면에 미련을 가져 결국은 선택한 남자에게도 만족을 하지 못하는 결과를 낳을 수 있다.

따라서 선을 많이 보게 되면 주관이 흐려지고, 먼젓번의 사람과 비교를 하여 그 사람보다는 좋아야 하기 때문에 선택하는 데 애로를 겪게 된다.

결혼은 완성된 것을 갖는 것이 아니다. 결혼이란 미완성인 것을 남녀가 힘을 합쳐 새롭게 완성품을 만들어가는 것이다. 그러나 대부분의 미혼 남녀들은 완성된 것을 갖기 위해서 욕심을 부린다. 외모도 자신의 마음에 들어야 하고, 경제력도 있어야 하고, 집안도 좋아야 하고, 아파트도 한 채 있어야 하고, 직장도 안정이 되어야 하는 등등의 그야말로 부족한 것이 없는 완성품을 찾으려고 하는 것이다.

그러나 이 지상에는 그렇게 완성된 결혼상품은 있을 수 없다. 이러한 완성된 것들은 아예 꿈꾸지 말라. 비록 지금은 미완성된 삶의 시작일지라도 사랑하는 두 사람이 믿음과 사랑으로 뜻을 합쳐 하나, 둘 완성품을 만들어가겠다는 각오를 가지고 결혼하는 것이야말로 더욱 값지고 빛나는 인생을 보장받는 길이다.

톨스토이는 결혼에 대해 이렇게 말했다.

"행복한 결혼 생활을 하기 위해서 가장 중요한 것은 서로 잘 맞는지가 중요한 것이 아니라 서로 다른 점을 극복해가는 것이다."

또한 달린 샤흐트의 이 말도 음미할 만하다.

"성공적인 결혼은 완벽한 두 사람의 결합이 아니다. 불완전한 두 사람이 서로 용서와 포용을 배우는 것이다."

행복한 결혼 생활은 스스로 느끼는 사람만이 누릴 권리가 있다. 행복은 눈에 보이는 어떤 물체가 아니기 때문이다. 자신이 지금 행복한 상태임에도 불구하고 행복을 느끼지 못하는 사람이야말로 이 세상에서 가장 불행한 사람이다.

행복을 누리는 데 있어서 남이 누리고 있는 행복을 빼앗아서 누리려고 해서는 안 된다. 그렇게 하면 빼앗긴 사람도 불행해지겠지만, 빼앗는 사람도 결코 행복해질 수가 없다.

누구도 나에게 행복을 가져다주지 않으며, 스스로 행복을 느끼며 살아야 비로소 행복한 사람이 될 수 있다. 행복은 만질 수도 볼 수도 없는, 즉 눈에 보이는 어떤 물체가 아니기 때문에 자신이 비로소 행복하다고 느낄 때, 더 나아가서는 마음속으로 '나는 행복합니다'라고 인정해 줄 때 비로소 행복해지는 것이다.

행복은 스스로 찾고, 스스로 만들어야 한다. 남의 화단에 피어있는 꽃(행복)을 도둑질하여 꺾어오지 말고, 내 화단에 직접 꽃씨를 뿌려 꽃(행복)을 피워야 하며, 내가 직접 꽃씨를 뿌리고 가꿔서 피운 행복이 가장 가치 있는 행복이다.

당신은 지금 불행하다고 생각하는가? 그렇다면 지금 당장 '나는 행복하다'고 인정해 주라. 그러면 자신이 행복한 존재임을 느낄 수 있을 것이다. 자신이 행복하지 못한 것은 자신의 처지가 진정으로 행복하지 못해서가 아니라, 자신의 처지를 행복하다고 인정해 주지 않기 때문이다.

스스로 불행하다고 생각하는 자는 불행하다. 그러므로 행복하다고 믿어야 한다. 그렇지 않으면 행복은 오지 않는다.

결혼 생활의 행복은 욕심의 정지에서부터 출발한다.

CHAPTER 4

결국에는
바른 것이 승리한다

이미 흘러간 물로는 물방아를 돌릴 수 없다. 왜 과거 일로 괴로워하고 슬퍼하는가.
그대가 인생을 사랑한다면 시간을 낭비하지 말라. 시간은 인생을 구성하는 재료다.
같이 출발하였는데 세월이 지난 뒤에 보면 어떤 사람은 뛰어나고,
어떤 사람은 낙오가 되어 있다. 이것은 하루하루 주어진 자신의 시간을
잘 이용했느냐, 허송했느냐에 달려있다.

- 프랭클린

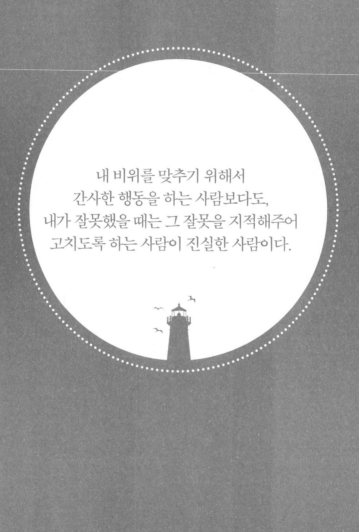

내 비위를 맞추기 위해서
간사한 행동을 하는 사람보다도,
내가 잘못했을 때는 그 잘못을 지적해주어
고치도록 하는 사람이 진실한 사람이다.

자신의 장점을
크게 부각시켜라

"

모든 사람은 달[月]과 같아서, 누구에게도 결코 보여 주고 싶지 않은 어두운 면을 가지고 있다.—마크 트웨인

"

나 혼자만 가지고 있을 것이라고 생각하는 결점은 어느 누구에게나 있다. 문제는 그 결점 자체에 있는 것이 아니라, 결점보다 훌륭한 많은 장점을 뒤로 감추어 버리고, 티끌만한 결점에 집착하고 부끄럽게 여겨 몸을 도사리는 행동 그 자체에 있다.

비교적 옷을 잘 입고 다니는 여성이 있었다. 큰 키에 늘씬한 몸매와 각선미는 어디에 내놓아도 빠지지 않을 만큼 아름다웠다. 그녀는 평소에 예쁜 각선미를 돋보이게 하기 위해서 늘 미니스커트를 입고 다녔다. 그것도 속옷이 보일까 말까 할 정도의 초미니스커트였다.

그런데 그녀에게는 좀 이상한 면이 있었는데, 미니스커트를 입고 다니

면서도 윗옷은 항상 긴팔만을 입고 다니는 것이었다. 날씨가 아무리 더운 여름날에도 항상 긴팔만 입고 다녔다. 다른 사람들이 왜 긴팔을 입고 다니느냐고 물어 보아도 그녀는 "긴팔이 멋있잖아요." 하고 웃어 넘겼다.

그러나 그녀의 웃음 뒤에는 숨기고 싶은 결점이 있었다. 그녀는 어렸을 때 뜨거운 물에 팔을 데어서 그때 험상궂게 났던 흉터가 지금도 그대로 남아 있었고, 그 흉터를 가리기 위해서는 항상 긴팔만 입고 다닐 수밖에 없었던 것이다.

계곡 없는 산이 없듯이 아무리 완벽하다고 자부하는 사람에게도 남에게 드러내 보이고 싶지 않은 결점이 있기 마련이다.

그런데 어떤 이는 자신감을 가지고 개성을 표현하면서 살아가는가 하면, 어떤 이는 실의에 빠져 자꾸만 몸을 도사리는 사람이 있다. 그것은 바로 자신의 결점을 어떻게 생각하고 처리하느냐의 차이 때문이다.

자신의 몸에 대하여 자신감을 가지는 사람은 자신의 몸에 결점이 있더라도 그 결점을 작게 감추고 그 대신 장점을 부각시켜서 행동하기 때문이고, 반대로 자신의 몸을 도사리고 자신감을 가지지 못하는 사람은 자신의 몸에 대하여 가지고 있는 장점을 작게 축소시켜서 생각하는 반면, 자신이 가지고 있는 결점은 크게 부각시켜서 부끄러워하기 때문이다.

목마르지 않으면
우물을 파지 않는다

> "
>
> 네가 원하는 모든 것을 얻을 때는 언제나 경계해야 한다. 살찐 돼지는 행복하지 않다.—J.C. 해리스
>
> "

가난은 돈을 주고도 살 수 없는 강한 의지와 분발심을 일으켜 많은 재산을 유산으로 물려받은 사람보다도 더 훌륭한 사람으로 성공할 수 있게 만든다.

미국의 강철 왕으로 유명한 카네기는 매우 가난한 집안에서 태어났다. 그가 미국의 강철 왕으로 성공했을 때 기자들이 성공의 비결이 무엇이냐고 물었다. 그때 카네기는 한 마디로 이렇게 대답하였다.

"내가 오늘날 이렇게 성공한 비결은 가난뱅이 아들로 태어났다는 것이요. 나는 그렇게 믿고 있소."

그는 이어서 이런 말을 덧붙였다.

"나는 헐벗고 굶주리는 가난뱅이의 아들이었소. 밤이면 밤마다 어머니께서 어두운 등불 밑에서 어려운 살림살이를 한탄하고 계시는 것을 보고, 내 가슴속에는 분발심이 용솟음 쳤소. '두고 봐라, 부모님을 고생시키는 가난이란 놈을 보기 좋게 없애버릴 테다'라는 결심에 불탔었소. 오늘날 나의 성공은 모두가 이 때문에 이루어진 것이오."

사람은 물질적으로 너무 풍족하면 더 발전하려고 노력하기보다는 현실에 안주해 버리고 마는 특성을 가지고 있다.

카네기의 말에서 알 수 있듯이 가난은 돈을 주고도 살 수 없는 강한 의지와 분발심을 일으켜 사람을 성공으로 이끄는 것이다. 만약에 카네기가 지긋지긋한 가난을 겪지 않았더라면 강철왕이 되지 못했을 것이다.

옛 속담에 '목마른 사람이 샘을 판다'는 말이 있는데, 이것을 거꾸로 뒤집으면 '목이 마르지 않으면 샘을 파지 않는다'는 것이 된다. 이 뜻은 부족하고 필요성을 느껴야만이 비로소 일을 한다는 의미이다.

요즘 부모들 중에는 자식들에게 유산으로 많은 재산을 물려주려고 하는 사람들이 대부분이다. 그래서 당신(부모)들은 고운 손이 다 부르트도록 일을 하고 돈을 벌어서 그것을 자식에게 유산으로 물려준다.

그러나 간과해서는 안 될 사실은, 자식에게 재산을 많이 물려주었다고 해서 그 자식이 반드시 물려받은 재산을 잘 지켜가며 행복하게 잘사는 것만은 아니라는 사실이다.

우리는 주위에서 유산을 많이 물려받은 것이 화근이 되어 도리어 불행한 인생을 살아가는 사람을 볼 수 있다. 유산만 믿고서 먹고 즐기는 일에만 열중한 탓에 결국은 폐인이 되고 마는 것이다. 이렇게 폐인이 된다면 차라리 가난을 유산으로 물려 준 것만도 못한 꼴이 된다.

'배가 부르면(돈이 많으면) 마음은 여자들 속에 있게 된다'라는 격언이 있다.

이 격언이 던져주고자 하는 깊은 의미를 자식에게 재산을 많이 물려주어야 한다고 생각하는 사람들은 한번쯤 음미해 보아야 할 것이다.

분별 있는 판단이
시비의 표준이 되게 하라

"

아무도 남을 책망하거나 비난할 수 없다는 것은 당연하다. 진실로 남을 안다는 것은 있을 수 없기 때문이다. 그러므로 자기 멋대로의 저울눈금으로 타인을 저울질하지 말고 분별 있는 판단이 시비(是非)의 표준이 되도록 하라.—T. 브라운 경

"

모든 일을 자신의 입장에서 생각하고 실천에 옮겨서는 안 된다. 모든 사람에게는 각기 다른 사정이 있을 수 있고, 또 그 사정에 따라 행동하고 있는 것이다.

어느 파스텔 화가가 있었다. 그 화가는 파스텔로 그림을 그리면서 잘못된 부분은 곰팡이가 생긴 빵을 이용해서 지웠다. 그렇기 때문에 그 화가는 자신의 화실 주위에 있는 구멍가게에서 늘 썩은 빵만을 골라서 싸게 사왔다.

항상 썩은 빵만을 골라서 사가는 이 사람을 본 가게의 주인은 '얼마나 가난하면 썩은 빵만을 골라서 사다 먹을까' 하고 매우 딱하게 생각하였

다. 그래서 그 가게 주인은 화가를 도와주기로 마음먹고 썩지 않은 빵 속에 몰래 딸기잼을 가득 넣어 놓았다. 그리고 화가가 빵을 사러왔을 때, 가게 주인은 썩은 빵 대신 딸기잼을 몰래 넣어 놓았던 빵을 썩은 빵이라고 하면서 주었다.

이 사실을 전혀 모른 채 빵을 사 가지고 온 화가는 언제나처럼 그림을 지우기 위해서 봉지를 뜯었다. 그런데 비닐봉지를 뜯는 순간 갑자기 딸기잼이 그림 위로 흘러내렸다. 애써 그려 놓은 그림이 순간 딸기잼으로 뒤덮였고, 그로 인해 그림을 망치게 되었다. 화가는 매우 화가 났다.

화가에게 딸기잼을 몰래 넣어준 가게의 주인은 나중에 그 화가가 빵을 사러오면 "빵 맛있게 잘 먹었습니다." 하고 인사를 할 것이라고 잔뜩 기대하고 있었다. 그런데 빵을 사갔던 화가는 가게로 달려와서 화난 얼굴로 "당신이 딸기잼이 든 빵을 주었기 때문에 그림을 망쳤어요." 하면서 심하게 항의를 하고 돌아간 뒤, 다시는 그 가게에 오지 않았다.

우리는 가끔 남에게 호의를 베풀었음에도 불구하고 도리어 욕을 먹는 경우가 있다. 그것은 바로 상대의 특수한 사정을 전혀 고려하지 않고, 겉으로 드러난 것만을 토대로 하여 자신의 입장에서 판단하고 행동하였기 때문이다.

그러나 모든 일을 자신의 입장에서 판단하는 것은 상대방의 특수한 처지를 이해하지 못하는 오류를 범할 가능성이 많기 때문에 피해야 한다.

옷을 누추하게 입었다고 해서 다 거지는 아니고, 울고 있다고 해서 다 슬픈 것은 아니다. 또한 작은 집에서 산다고 해서 다 가난한 사람은 아닌 것이며, 돈을 쓰지 않는다고 하여 다 수전노는 아닌 것이다. 아침저녁으로 직장에 출퇴근을 하지 않는다고 하여 모두가 백수건달은 아니고, 학교를 다니지 않았다고 하여 다 무식자는 아닌 것이다.

그러므로 상대방의 특수한 사정을 알지 못하는 한, 상대방에 대하여 쉽게 평가하거나 행동하지 말아야 한다.

지나친 비굴은
교만과 다름없다

"

누구든지 자기를 높이는 자는 낮아지고, 누구든지 자기를 낮추는 자는 높아 지리라. ―신약:마태복음

"

나의 인격을 빛나게 하는 길은 겸손하게 행동하는 것이다. 어리석은 사람들은 자신이 거만하게 굴고 잘난 체해야만 자신의 인격이 빛난다고 생각한다. 그러나 거만하게 굴고 잘난 체 하는 행동은 자신의 인격을 저 밑바닥으로 떨어뜨린다.

30년이 넘는 기간을 무사고로 운전하고 정년퇴직하는 운전기사에게 표창장을 수여하였다. 표창장을 받고 난 다음에 사람들이 그에게 그렇게 오랜 기간 동안 무사고로 운전을 할 수 있었던 비결이 무엇이냐고 물었다. 이에 대해 표창 받은 운전기사는 이렇게 겸손하게 말했다.

"나는 30년이 넘도록 운전을 하면서 한 번도 내가 운전을 잘하는 사람

이라고 생각해 본 적이 없습니다. 나는 지금도 '초보운전자'라고 생각하고 있습니다."

교통사고를 낸 운전자들의 공통점은 자신의 운전 실력을 주제넘게 과신하고 있는 경우가 많다는 것이다.

자신이 최고라고 생각하는 사람은 행동을 할 때도, 자신이 세상에서 가장 잘난 사람처럼(사실은 착각이나) 주제넘고, 오만방자하고, 온갖 꼴불견 행동을 자행한다.

이 세상에서 가장 잘생기고, 가장 잘나고, 가장 똑똑하다고 자기가 최고라는 착각에 빠져있는 사람이 허다하다. 소크라테스는 "너 자신을 알라."고 말했다. 물론 착각은 자유이겠으나 그 착각이 자기의 내심에 그쳐야 함에도 불구하고 외부로 표출되는 데 그 심각성이 있다.

세상을 아무런 사고 없이 살아가기 위해서는 착각으로부터 벗어나야하며 이 착각에서 벗어나기 위해서는 먼저 겸손해져야 한다. 자신이 세상에서 비록 잘났다고 생각하더라도 행동만은 겸손하게 하여야 한다. 또 자신을 남보다 항상 부족하다고(사실은 그렇지 않으나) 생각할 때 행동은 겸손해지고 자신의 분수도 지킬 수 있게 된다. 설령 착각을 하더라도 그 착각을 외부로 표현하지 말고 마음속에 묻어두어야 한다.

자신의 처지가 100이라 할 때 100이상을 자랑하는 것은 교만이고, 80 정도를 자랑하는 것은 겸손이며, 60이하를 자랑하는 것은 비굴한 것이다. 교만이 겸손보다는 못하고, 지나친 비굴은 교만과 다름없다.

돈은
부정직한 습성을 키워준다

도덕성 상실의 주범은 '돈'이다. 아무리 세상이 물질만능 시대이고 돈이 있어야 된다고 하지만, 돈을 벌기 위해서 도덕성이고 명예고 뭐고 다 내팽개쳐버리는 사람이 되어서는 안 된다.

올해 가을농사를 다 거두어들인 농부가 도시에 살고 있는 아들에게 햅쌀을 갖다 주기 위해서 버스에 쌀을 싣고 가고 있었다. 그 농부는 차만 타면 멀미를 했기 때문에, 그날도 차를 타자마자 곧 잠이 들었다. 한참을 자고 일어난 농부는 쌀자루를 확인해 보기 위해서 쌀자루를 놓아두었던 곳을 바라보았다. 그런데 쌀자루는 보이지 않았다. 차안을 샅샅이 뒤져 보았으나 쌀자루는 없었다. 그래서 농부는 쌀자루를 찾아야 된다면서 운전기사에게 사정을 하고, 정류장이 아님에도 불구하고 중간에서 차를 세우고 내렸다. 농부는 하루 종일 돌아다니면서 잃어버린 쌀자루를 찾았으나, 결국 찾지를 못했다. 쌀자루를 잃어버린 농부는 아들 집에 가는 것을 포기하고 다시 자기 집으로 돌아와서 저녁 뉴스를 보고 있었다.

그런데 쌀자루를 찾기 위해서 자신이 내렸던 바로 그 직행버스가 수십 미터의 언덕으로 구르는 대형사고가 일어나서 거의가 목숨을 잃었다는 뉴스가 보도되었다. 이 뉴스를 보고 난 농부는 순간 아찔했다. 만약 쌀자루를 누가 가져가지 않았더라면 자신은 계속해서 버스를 타고 갔을 것이고, 그렇다면 자기도 사고를 당하여 죽었을지도 모르는 일이었다. 결국 농부는 쌀자루를 잃어버린 것이 전화위복이 되어 살게 된 것이다. 농부는 쌀자루를 잃어버리고 집으로 돌아올 때는 매우 속이 상했으나, 이 뉴스를 보고는 쌀자루를 가져간 사람에게 오히려 감사를 했다.

옛말에 인명재천(人命在天)이라고 했다. 살 사람은 어떻게도 살고, 죽을 사람은 아무리 노력을 기울여도 죽는다. 그러므로 너무 살려고 바둥거릴 필요도, 지나친 욕심을 부릴 필요도 없다.

또 비싼 돈 들여가면서 보양제를 먹을 필요도, 많은 돈을 모으기 위해서 부정한 방법을 저지를 필요도 없다. 죽을 목숨이 더 살려고 보약을 먹는다고 해서 더 연장되는 것은 아니며, 돈을 많이 벌어 놓았다고 해서 죽을 목숨이 더 연장되는 것도 아니다. 다 부질없는 행동이고, 죽으면 무(無)로 돌아간다. 그러므로 그저 순리를 거역하지 말고 살아가면 족한 것이다.

가정을 외면하고서는
절대 행복해질 수가 없다

"

가정은 있는 사랑을 찾아내는 곳이 아니고, 없는 사랑을 만들어내는 곳이다. —D. 카네기

"

화목하고 행복한 가정을 만들 의무는 가족 구성원들 모두에게 있다. 한 사람이 화목한 가정을 만들려고 아무리 애를 쓴다 해도 다른 사람들이 이에 동참하지 않는다면 화목한 가정은 절대 이루어질 수가 없다.

회사가 끝나면 하루도 빠짐없이 포장마차로 출근하는 남자가 있었다. 포장마차를 하는 아줌마는 하루도 빠짐없이 오는 이 남자를 이상하게 생각하고 넌지시 말을 건넸다.

"혼자 사시나 보죠?"

"아주머니, 무슨 말씀이세요. 저는 처자가 있는 몸입니다."

"그러면 일찍 집에 들어가서 가족들과 쉬지, 왜 이렇게 매일 여기에 오

세요?"

"아휴, 아주머니. 속 모르는 소리 하지 마세요. 집에 일찍 들어가면 편안히 쉬게 놔두지를 않습니다. 아내는 집안일을 같이 하자고 조르고, 그래서 도와주지 않으면 바가지를 긁어대고, 아이는 같이 놀자고 조르니 귀찮아서 살 수가 있어야지요. 집에 들어가는 것보다 밖에서 이렇게 있는 것이 더 편합니다."

화목한 가정은 가족에게 최고의 선물이다. 이 최고의 선물을 놓치지 않기 위해서는 가정을 화목하게 만들어야 한다. 가정을 화목하게 만들기 위해서는 가족 구성원 모두가 노력하여야 하며, 일부(부인)에게만 떠넘겨서는 안 된다.

만약 일부 사람에게만 떠넘기게 된다면 화목한 가정이 이루어지지도 않을 뿐더러, 설령 이루어진다 해도 진정한 행복을 느낄 수는 없다.

하찮은 것이라도 남이 만들어 준 것보다는 자기가 직접 만든 것이 더 가치가 있는 것처럼, 화목한 가정도 자신이 직접 참여하여 만들 때 더 행복을 느낄 수 있기 때문이다.

어떤 남자들은 퇴근을 하면 곧바로 집에 가지 않고 술집이나 오락장소로 간다. 그 이유는 집에 가봐야 부인은 바가지나 긁고, 애들은 귀찮게 하여 재미도 없고 피곤하기 때문이라고 한다. 또 이런 남자들은 가정에 사랑이 없는 것은 부인이나 자녀들이 잘못하니까 그렇다고 생각한다.

그러나 이렇게 생각하는 남자들의 가정에 사랑이 없는 것은 바로 자기 자신에게 문제가 있기 때문이며, 만약 가정에 사랑이 없다면 사랑이 넘쳐

나는 보금자리로 만들려고 노력해야 한다는 사실을 모르는 어리석은 사람들이다.

가정에 사랑이 없다고 한탄하는 남자들이여! 오늘 당장 집에 일찍 들어가서 가족들과 즐겨보라.

밖에서 방황하는 것은 잠시의 피난일 뿐이지 결코 영원한 피난은 아니라는 것을 자각하라. 이러한 사람들도 결국은 가정에서 행복을 느끼게 된다. 가정보다 더 따뜻하고 더 즐거운 곳은 이 세상에 없는 것일지니, 가정의 소중함을 깨닫고 관심을 놓아서는 안 될 것이다.

상품의 가격 속에는
인간의 욕심이 추가되어 있다

"

가격보다 더 사기인 것은 없다. —R. 코베트

"

가격이란 절대적이거나 정당한 것이 못 된다. 그 속에는 이미 인간의 욕심이 추가되어 있기 때문이다. 인간의 욕심은 무한하기 때문에 가격은 터무니없이 붙여질 가능성이 얼마든지 있고, 그렇기 때문에 비싼 것이 반드시 좋다고 단언할 수 없는 것이다.

어느 가게에서 70만 원짜리 밍크코트를 갖다 놓았다. 진열을 해 놓은 지 10일이 지났는데도 밍크코트는 한 벌도 팔리지 않았다. 그래서 점원은 장난삼아 70만원에 0자 하나를 더 붙여 700만원이라고 가격표를 붙여 놓았다. 그랬더니 이상하게도 그 다음부터는 밍크코트가 하나둘 팔리는 것이었다.

우리는 가격에 대하여 왜곡된 시각을 가지고 있다. 무조건 값이 비싸야 좋은 물건이고, 값이 싸면 나쁜 물건이라고 착각하는 것이 바로 그것이다.

그래서 터무니없는 가격이 붙여진 외제명품은 불티나게 팔리는 반면, 싸고 질 좋은 우리나라 물건은 팔리지 않는 기현상이 일어나고 있다. 그러나 가격에 비례하여 물건의 질도 반드시 비례할 것이라고 여기는 것은 터무니없이 매겨진 가격이 많이 존재한다는 것을 상기해 볼 때 잘못된 생각이다.

한 예를 보자. Y화랑에서 중요한 소비자의 심리를 목격할 수 있었다. 똑같은 화가가 그린 그림을 처음에는 30만원이라고 붙여 놓았더니 소비자들은 별로 눈길을 주지 않았고 팔리지도 않았다. 그래서 다음 날 똑같은 그 그림에다 100만원을 붙여 놓았더니, 사람들이 그림이 좋다고 하면서 관심을 표하고 사가는 것이었다. 이 실상을 보면 현명하다고 자부하는 소비자들이 얼마나 모순된 행동을 하고 있는지 실감할 수 있다.

'싼 게 비지떡이다'라는 속담의 의미는 싼 물건은 모두가 나쁜 물건이라는 뜻이 아니고, 그 물건에 비례하여 가격이 지나치게 낮을 때 나쁜 물건일 가능성이 높다는 의미이다. 예를 들어서 신발이 있는데, 운동화 한 켤레의 가격은 보통 5만원 정도 하는데, 3만원에 파는 신발이 있다면 그것은 나쁜 물건일 가능성이 높은 것이다.

가격이란 제품에 들인 노력이나 재료의 수준에 따라서 정해지기도 하지만 결국은 소비자가 선물하는 것이다. 아무리 좋고 비싼 물건이라도 소비자가 사주지 않으면 가격은 내려간다. 그러나 비싼 가격인데도 불구하고 소비자들이 사주면 높은 가격이 형성되고, 가격은 자꾸만 올라가게 되는 것이다.

결국에는
바른 것이 승리한다

"

악(惡)한 것보다는 선(善)한 것이 더 현명하고, 사나운 것보다는 유순한 것이 더 안전하며, 미친 것보다는 제정신인 것이 더 낫다. —R. 브라우닝

"

법규를 준수하고 바르게 살려고 하는 사람이 오히려 바보 취급을 받는 인상을 풍기는 사회를 만들지 않기 위해서는 '나'부터 올바르게 살려고 노력해야 한다. 그리고 얼핏 보기에는 그른 것[惡]이 바른 것[善]을 이기는 것 같아 보이지만 결국에는 바른 것이 승리한다.

열심히 공부를 하고서 시험을 본 학생이 성적표를 받아보았는데, 공부를 하지 않고 컨닝을 해서 시험을 본 친구보다 자신의 성적이 더 좋지 않게 나왔다. 그러자 이 학생은 집으로 돌아와서 담임선생에게 전화를 걸었다.

"선생님, 저는 컨닝하지 않고 정당하게 시험을 보았습니다. 그런데 결

과는 공부를 하지 않고 컨닝을 한 애들보다도 점수가 낮게 나왔습니다. 열심히 공부한 사람의 성적이 노력도 하지 않고 컨닝으로 시험을 본 사람보다 떨어진다는 게 매우 허탈합니다."

컨닝하는 학생들이 있기 때문에 정당하게 공부한 다른 학생들이 피해를 보게 되는 것처럼, 우리는 가끔 바르게 사는 것이 오히려 손해를 보는 것 같고 바보 같은 기분이 들 때가 있다.

정직하게 직장을 다니거나, 부정을 저지르지 않고 정당한 방법으로 돈을 버는 것이 오히려 손해를 보는 것 같은 기분이 들 때가 있고, 혼자서 육교를 오르고 있을 때 자신이 바보 같은 착각을 느낄 때가 있다.

왜 이러한 기분이 드는 것일까. 그것은 바르게 살지 않는 사람들이 있기 때문이다. 즉 육교로 건너면 이상한 기분이 드는 것은, 자기가 편리한 대로 아무데서나 도로를 건너는(무단횡단)사람이 많이 있기 때문이며, 정직하게 돈을 버는 것이 손해를 보는 것 같은 기분이 드는 것은, 부동산 투기 등 부정한 방법으로 돈을 쉽게 버는 사람들이 있기 때문이다.

손해 보는 것 같은 기분이 든다고 하여 '나'마저도 올바르게 살지 않는 사람들을 따라가서는 안 된다. 아무리 사회의 도덕성이 땅에 떨어지고 개인주의와 이기주의가 만연되어 있다고 해도 아직까지 우리 사회에는 나쁜 사람보다는 좋은 사람이 더 많고, 차가운 사람보다는 따뜻한 사람이, 악한 사람보다는 선한 사람이 더 많다는 사실에 우리는 희망을 걸 필요가 있다.

그러므로 남이 부정한 방법을 저지르더라도 그 사람들을 따라가려 하기보다는 나만이라도 바르게 살려고 노력할 때 이 사회는 바르게 유지될 수 있다.

나의 행동이
양심과 일치하고 있는지 늘 자문하라

"

다른 사람들의 꾀임 때문에, 또는 법률이라는 습관 때문에 양심에서 멀리 떨어지는 일이 없도록 하라. 늘 자기의 행동이 양심과 일치하고 있나 없나를 자문하라.―게엘

"

타인에게 해를 입히면서 공생관계를 지속하는 것은 공생관계가 아니라, 백해무익한 인간기생충이다.

개미와 진딧물이 살고 있었다. 개미는 발이 잘 발달하여 자신이 가고 싶은 곳이면 아무 곳에나 갈 수 있었으나, 진딧물은 발이 발달하지 못하였기 때문에 이동이 어려웠다. 자신의 약점을 알고 있었던 진딧물이 어느 날 개미를 만나자 개미에게 부탁을 했다.

"개미야, 나를 저 배추 잎에다 옮겨 주면 그 대신 내가 너에게 맛있는 것을 모아 놓았다가 줄께. 그러니 나를 저 배추 잎까지 옮겨주지 않겠니?"

개미는 이 부탁을 받고 곰곰이 생각해 보니 괜찮을 것 같았다. 힘들게 일하지 않아도 편하게 먹고 살 수 있을 것 같아서, 배추 잎에게는 나쁜 일인 줄 알면서도 진딧물을 등에 업어서 옮겨 주었다. 그리고는 매일 오후가 되면 진딧물이 있는 데로 올라가서 진딧물로부터 맛있는 먹이를 얻어 먹었다. 진딧물이 더 이상 먹이를 먹을 게 없으면 다시 다른 곳으로 옮겨 주면서 계속해서 공생관계를 유지했다.

개미는 진딧물을 채소 등의 식물에 옮겨주고, 그 대가로 진딧물로부터 먹이를 섭취하는 공생관계에 있다. 그런데 이 진딧물은 채소 등에게 유익한 작용을 하는 것이 아니라, 해를 입히는 작용을 한다. 그런데도 개미와 진딧물은 계속해서 이러한 짓을 한다.

인간기생충들이여! 그대들이 편안하게 살고 있을 때 그대들을 편안하게 살리기 위해서 다른 사람들이 그만큼 피해와 고통을 받고 있다는 사실을 한 번이라도 생각해 보라.

우리 사회에서도 개미와 진딧물의 관계처럼 살아가는 사람들이 많이 있다. 돈을 주고 잘 보아달라고 청탁하는 사람(진딧물)의 돈을 받아 챙기고 뒤를 보살펴 주는 소수의 공무원(개미)과, 창녀촌에서 장소를 제공해 주고 몸을 판 대가로 번 돈을 뜯어먹고 사는 사람들, 불구자들을 시장 등지에 옮겨 주고 그들이 벌어오는 돈을 뜯어먹고 사는 사람들이 바로 개미와 진딧물 같은 관계가 아니고 무엇이겠는가.

자신에게만 존재하는 것에
충실하라

"

너와 마찬가지로 다른 사람이 해낼 수 있는 일은 하지 말라. 너와 마찬가지로
다른 사람이 말할 수 있는 것은 말하지 말라. 쓸 때도 마찬가지로 그런 것은
쓰지 말라. 아무데도 없고 단지 너에게만 존재하는 것에 충실함으로써 너 자
신을 필요불가결한 것으로 만들라. ─A. 지드

"

사람에게는 각자 능력(특기)이 있다. 이 능력을 개발해야만 비로소 개성
있는 인간으로 살아갈 수 있다. 그리고 남이 잘하는 것을 모방하여 따라
가는 것보다는 각자가 가진 특기를 개발하는 것이 최고가 되는 길이다.

아무리 좋은 것이라고 해도 자신의 특성에 맞지 않으면 무용지물에 불
과하다. 사람의 능력도 마찬가지다. 어떤 사람은 전자 쪽에 소질이 있는
가 하면, 어떤 사람은 기계 쪽에 소질이 있다. 또 어떤 사람은 손재주가 있
는가 하면, 어떤 사람은 두뇌회전이 빠른 사람이 있다. 이렇게 모든 사람
에게는 각자의 독특한 능력(소질)이 있는데, 이 능력에 알맞은 것을 선택
해서 그 길로 나가는 것이 최선의 지름길이 된다. 그렇지 않고 남들이 좋

다고 하니까 자신의 능력을 무시한 채 그 방향으로 가는 것은 자신의 독특한 능력(소질)을 말살하는 것이고, 결국 갖가지 부작용만 초래한다.

자신이 가진 능력과 현재 자신이 하고 있는 일이 서로 부합될 때 최대의 효과를 발휘한다. 철로 위에서는 기차가 부합된 것이고, 도로 위에서는 자동차가 부합한 것이다. 철로가 막히지 않고 빠르다 하여도 자동차가 달릴 수는 없는 것처럼, 자신의 능력에도 맞지 않는 직업(일)을 남들이 좋다고 하여 따라 할 수는 없다.

직업뿐만 아니라 교육에 있어서도 마찬가지다. 교육도 능력에 맞게 실시하여야 한다. 그런데 우리나라의 교육에서는 개인의 능력은 거의 배제되고 있다.

교육을 받는 자는 단순히 고학력의 졸업장을 만드는 기계에 불과하다. 교육을 담당하는 기관도, 교육을 시키는 학부모도, 배우는 자신도 능력 따위는 제쳐두고, 하나 같이 고학력의 졸업장을 쟁취하기 위해서 우르르 몰려간다.

교육은 개인이 가지고 있는 능력을 개발하고 향상시키기 위해서 존재해야 한다. 능력과 전혀 관계없는 보여주기 자격증을 따기 위해서 교육을 하거나 받는 것은 산에 가서 물고기를 구하려 하는 것과 조금도 다를 것이 없다. 능력도 없는 아이한테 엄청난 돈을 들여 과외를 시켜서 대학 졸업장만 따면 무슨 소용이 있겠는가. 고등실업자만 만들 뿐이다. 차라리 적성에 맞는 것을 계발시키고 향상시켜 그 분야에서 활동하게 하는 것이 훨씬 바람직한 것이다.

서로 해치지 않게 하는 것이
정의의 역할이다

"

남에게 상처를 입히는 사람들은 고통을 받아야 한다. 그래야만 그런 사람들은 자신들의 마음의 작용을 알기 때문이다. 그리고 이것은 우리의 응징 혹은 보상이 되어야 한다.—P.B. 셸리

"

미꾸라지 한 마리가 못의 물을 흐려 놓듯이, 사회도 한 사람이 잘못을 저지름으로써 모든 사람들을 매도하고 욕 먹이는 것이다.

대학교 2학년 겨울방학 때의 일이다. 시골에 내려가기 위해 서울역으로 갔다. 승차할 때까지는 한 시간쯤 기다려야 했기 때문에 대합실 안의 의자에 앉아서 기다리고 있었다. 약 20분쯤 지났을 때, 30대쯤 되어 보이는 멀쩡하게 생긴 남자가 옆으로 다가와서는, "실례지만 어디까지 가십니까?" 하고 물었다. 얼떨결에 "영동까지 갑니다." 하고 대답했더니 그 남자도 행선지가 같다면서 옆의 의자에 앉았다.

자리에 앉은 그 남자는 "저는 영동군청 공무원입니다. 어제 공무차 서

울 왔다가 술을 많이 먹게 되어 여관에서 자고 아침에 일어났는데 지갑이 없어졌습니다. 저는 내일 아침에 출근을 해야 하기 때문에 이번 차로 꼭 내려가야 합니다. 내려가면 즉시 갚겠으니 차표 살 돈을 빌려주시면 그 은혜 잊지 않겠습니다. 술을 많이 먹은 저를 책망하시고 한 번만 도와주십시오." 하고 사정을 하였다.

듣고 보니 사정이 딱하여서 돈을 건네주자, 그는 표를 끊어가지고 오겠다면서 표를 파는 곳으로 갔다. 그런데 표를 사가지고 오겠다는 사람은 아무리 기다려도 오지를 않았다. 승차할 시간이 다가와서 대합실을 한 번 둘러보았다. 그 사람의 모습은 보이지 않았고, 그때서야 나는 속았다는 것을 깨달았다.

이 사회에서는 이러한 일들이 자주 일어났고, 전문적으로 이러한 행위를 하고 다니는 사람도 있다고 한다. 이러한 사람들이 있기 때문에 선의의 피해자가 생기고 진정으로 도움 받아야 할 사람이 도움을 받지 못하는 경우가 생긴다.

외출하거나 여행을 갔다가 정말로 돈을 잃어버리는 경우가 있다. 이럴 경우 남의 도움을 받아야 하는데, 위와 같은 사람들한테 당한 경험이 있는 사람은 의심부터 하고 도움주기를 주저하게 된다. 비단 이런 경우에만 한정되는 것이 아니다. 택시 강도가 성행하면 밤에는 택시를 이용하지 않아 선량한 택시기사들이 피해를 보고, 한두 명의 공무원 비리로 인하여 열심히 근무하는 다른 공무원들이 원성을 듣고, 일부 해외여행자들의 추태가 우리나라 전체 국민의 이미지를 먹칠하는 것이다.

부여된 가치관에 따라
삶을 추구할 때 행복은 얻어진다

“

진실로 있는 그대로의 너를 보이는 것에 만족하라. —마르티알리스

”

우리는 어느 때 보면 자기 자신을 위해서 사는 것이 아니라 남의 삶의 방식을 모방하기에 급급한 것 같다. 즉 자기 나름대로 삶의 방식이 있음에도 불구하고 자신의 삶을 남의 삶에 비교한 나머지 자신이 남보다 하나라도 나아야지 그렇지 못하다고 생각되면 남보다 나아지기 위해서 안간힘을 쓴다.

시골 고등학교 때부터 절친했던 친구가 대학교를 졸업하고 서울에 있는 직장에 취직을 하였다. 이들은 친한 친구 사이였지만 마음속으로는 은근히 경계를 하였을 뿐만 아니라, 서로 선의의 경쟁을 벌이면서 생활했다.

이들은 둘 다 결혼도 하였고, 서울에 처음 올라왔을 때보다는 형편이 많이 나아졌다.

이렇게 서로의 형편이 나아지자 한 친구가 먼저 승용차를 샀다. 그러자 다른 친구도 이에 질세라 친구 것보다 더 좋은 고급승용차를 할부로 샀다. 할부로 차를 산 사람은 술을 먹고 즐기는 것을 굉장히 좋아하는 사람이어서 거의 매일 밤마다 술을 먹고 다니기가 일쑤였다.

어느 날 밤, 그는 도저히 운전을 할 수 없을 정도로 술을 마시게 되었다. 만취 상태로 비틀거리며 술집을 걸어 나오자 주차장 근처에서 대리운전을 해주는 사람이 접근해 왔다.

"사장님, 많이 취하셨습니다. 제가 집에까지 편히 모셔다 드리겠습니다."

대리운전자의 친절한 말투에 그는 잘됐다 싶어, 자동차 열쇠를 건네주었다.

"그래, 그럼 갑시다."

그리고 그는 뒷좌석에 태워져 집에까지 무사히 올 수 있었다. 그런데 대리운전자는 술에 취한 그를 집앞에 내려놓고는 뒤로 후진하는 척 하다가 쏜살같이 차를 몰고 달아나 버렸다. 다음 날 차를 찾기 위해서 백방으로 노력했으나 헛수고였다.

우리는 삶을 살아가면서 남을 의식(여기서의 의식은 물질적인 의식을 말함, 정신적인 의식은 자아발전을 위해서 바람직하다)하면서 살아가는 경우가 많이 있다. 그래서 남보다는 하나라도 나아지려고 애를 많이 쓴다.

친구가 차가 있으면 나는 친구보다 더 좋은 차를 사야만 하고, 친구가 좋은 집에 살고 있으면 나는 친구보다 더 크고 넓은 집에서 살려고 생각한다. 누구를 위하여 사는 삶인지, 또 삶의 목적이 어디에 있는지 알 수가 없다. 이러한 사람들의 삶은 자기 자신을 위한 삶이 아니라 남을 위해서, 즉 남과 삶의 경쟁을 벌이면서 살아가고 있는 것이나 다름없다.

또 우리는 실질(실속)보다는 형식을 더 중요시하는 경향이 있다. 나의 행복을 위한다기보다는 남의 눈치(형식)를 위해서 더 좋은 옷을 입으려 하고, 더 좋은 집에서 살려고 하며, 더 좋은 차를 타려고 한다.

또한 남을 평가할 때도 실질보다는 외형상 드러나 보이는 형식에 얽매인다. 즉, 집의 평수가 크고 작음에 따라 상대를 다르게 평가하고, 차의 대소에 따라 사람의 품위를 평가하며, 옷의 호화로움에 따라서 잘사는 사람이냐 아니냐를 판단한다. 또 실력보다는 어떤 대학을 나왔느냐는 간판에 따라서 사람을 평가하는 풍조가 만연되어 있다.

그러나 우리는 형식에 앞서 실질을 중요시하여 외면보다는 그 내면을 들여다보아야 한다. 또 간판보다는 그 사람의 실력을 보고 평가해야 한다. 그리고 어떻게 해서 대통령, 국회의원이 되었느냐가 중요한 것이 아니라, 그 사람이 대통령을 할 자격이 있으며, 국회의원을 할 자격이 있느냐가 중요한 것이며, 또 어떻게 해서 팀장이 되었느냐가 중요한 것이 아니라 팀을 리드할 수 있는 능력이 있느냐가 중요한 것이다.

장미도 아름답지만 나팔꽃, 국화, 코스모스, 해바라기도 각기 독특한 아름다움이 있다. 장미꽃이 아름답다고 하여 나팔꽃이 장미꽃 흉내를 낸다고 해서 나팔꽃이 장미꽃으로 변할 수는 없다. 이처럼 사람에게도 자기만의 독특한 삶의 방식과 가치관(인생관)이 있는 것이다. 남이 잘산다고 해서 자신도 남과 같이 되려고 하다가는 남과 같이 되지도 않을 뿐더러, 그렇게 하려는 행동 자체가 무모한 짓이므로, 결국 불행에 빠지고 만다.

자기 자신에게 부여된 독특한 삶의 방식과 가치관에 따라서 사는 것이, 또 본 모습을 보이면서 사는 것이 가장 훌륭한 삶이 된다. 이렇게 자신의 가치관에 따라 삶을 추구할 때 행복을 얻을 수 있는 것이지, 남에게 과시하기 위해서, 자기 현시욕구 충족을 위하여 살아가다 보면 결국에는 지쳐서 불행에 빠진다.

무관심은 인간의 감정을
황폐화 시킨다

"

우리들 인간에 대한 최악의 죄는 인간을 미워하는 것이 아니고, 무관심이다.
그것이 무정(無情)의 엣센스인 것이다.—버나드 쇼

"

세상에서 가장 서글픈 일은 돈이 없는 것도 아니요, 집이 없는 것도 아니
요, 차가 없는 것도 아니라 인간으로서의 대접을 제대로 받지 못한다는
것이다. 그리고 뭐니 뭐니 해도 가장 무서운 벌은 무관심이다.

고등학교 국어선생님에게 하루는 여 제자가 찾아와서 이렇게 하소연
했다.

"저는 엄청난 부잣집으로 시집을 갔어요. 얼마나 부자인지 온 식구마
다 자가용이 한 대씩 다 있을 정도예요. 제가 그 집으로 시집을 간다고 하
자 남들은 부잣집으로 시집 잘 간다고 저를 굉장히 부러워했어요. 그러나
저의 결혼생활은 실패했습니다. 저는 결혼하자마자 분가하지 않고 시댁

으로 들어가서 살았어요. 그런데 시댁에 들어갔을 때 시부모는 물론 다른 가족들도 저를 제대로 바라보지도 않고 무관심했습니다. 말 상대도 해 주지 않고, 인간 대접도 해 주지 않았어요. 남편도 툭하면 외박이고 밤늦게 들어오기가 일쑤였어요. 저는 지금 너무 외롭고 괴롭습니다. 그 외로움을 달래기 위해서 차를 몰고 드라이브를 해도 도대체 행복하지가 않습니다. 집안일도 모두 가정부가 하기 때문에 저는 할 일도 없어요. 제가 왜 부잣집으로 시집갔는지 모르겠어요. 차라리 가난한 사람한테 시집가서 단칸짜리 셋방에서 부족하게 살더라도 시댁 식구들로부터 인간 대접 받고 또 남편 사랑을 받으면서 살았으면 원이 없겠습니다.”

인간이 인간으로부터 인간 대접을 받지 못한다면 이것보다 더 비참한 일이 어디 있겠는가! 풍족한 상태에서 인간 대접을 받지 못하는 것은 부족하게 살면서 인간대접을 받는 것보다, 더 비참하고 견딜 수 없는 고통이다.

이에 더하여 풍족하게 해주면서 무관심한 것은 동물 대접을 받는 것과 조금도 다를 것이 없는 것이다.

사람을 비참하게 만드는 것은 바로 무관심인데, 무관심은 인간의 감성을 독살하고 황폐화시킨다. 무관심이 오히려 미워하는 감정보다도 더 인간을 비참하게 만든다. 미워하는 감정 속에는 나에 대한 관심이 조금이라도 남아 있으나, 무관심한 감정 속에는 나에 대한 관심이 조금도 남아 있지 않기 때문이다. 특히나 마땅히 관심을 가져 주어야 할 사람이 무관심한 태도를 보일 때는 가장 치욕적인 멸시를 당하는 격이 된다.

사랑도 바로 관심이며, 관심을 가진다는 그 자체가 사랑인 것이다. 인기, 그것도 바꾸어 말하면 관심에 지나지 않는다. 희생과 봉사도 관심이고, 친구 사이의 우정도 관심이며, 원만한 대인관계도 관심이다.

사람은 자신에게 어느 누가 관심을 가져 줄 때 가장 행복하고 포근한 감정을 느끼며, 따라서 자신에게 관심을 가져 주는 사람에게 관심을 가진다. 이러한 관심이 어우러질 때 모든 인간관계가 싹트게 되는 것이다. 사랑도, 우정도, 따뜻한 인간관계도.

알면 병이 되고,
모르면 약이 된다

"

질병과 슬픔은 왔다가도 가지만, 미신에 사로잡힌 영혼은 평온이 없다. ―R.
버튼

"

아무리 하찮은 것이라도 알면 병이 되고, 아무리 중대한 것이라도 모르면
약이 된다. 이것이 바로 미신이다. 미신은 마음을 사로잡는 독재자이며
마음의 평온을 방해하는 주범이다.

시골에 한 청년이 살고 있었는데, 그 청년이 사는 동네에 마음에 드는
여성이 한 명 있었다. 그 청년은 그녀와 결혼하기 위해서 공을 들인 끝에
어렵게 그녀로부터 결혼 승낙을 얻어냈다.

그러나 어려운 장애물이 있었으니, 그것은 당사자가 아니라 그녀의 어
머니였다. 그녀의 어머니는 미신을 철저히 믿고 사는 분이었는데, 특히나
결혼에 있어서 궁합은 절대시 여겼다. 그녀는 자기 어머니에게 자초지종

을 말하고 결혼을 승낙 받으려 했으나, 그녀의 어머니는 "궁합을 보아서 좋다고 하면 결혼을 시키고, 궁합이 나쁘다고 하면 하늘이 두 쪽이 난다 해도 시키지 않겠다."고 단호하게 말했다.

그녀는 이 사실을 청년에게 알렸고, 어머니가 자주 가는 점쟁이 집도 귀띔해 주었다.

청년은 은근히 두려워지기 시작하였다. 청년은 궁합이 나쁘게 나올지도 모른다는 두려움이 생겨서 여자의 어머니가 잘 간다는 점쟁이 집에 가서 미리 궁합을 보았다. 그랬더니 "이들 두 사람의 결혼은 도저히 할 수가 없다. 만약 결혼을 하면 살다가 큰 해를 입게 되는 일이 생긴다."고 말하는 것이 아닌가! 청년은 비상이 걸렸다. 이 사실을 여자의 어머니가 안다면 결혼이 무산될 것은 불을 보듯 뻔했기 때문이었다.

청년은 고민에 빠졌다. 하루 종일을 고민한 청년은 돈을 많이 가지고 점쟁이를 다시 찾아갔다. "며칠 내로 아무개 처녀의 어머니가 궁합을 보러 올 것입니다. 그러면 무조건 궁합이 좋으니 결혼을 빨리 시키라고 해주십시오." 하고는 점쟁이에게 돈 봉투를 건네주었다. 두툼한 봉투를 확인한 점쟁이는 흡족해하며 그렇게 하겠다고 약속했고, 청년은 안도의 숨을 내쉬었다.

며칠 뒤, 여자의 어머니는 예상대로 그 점쟁이에게 궁합을 보러 왔다. 남자 쪽과 자기 딸의 사주를 넣고 궁합이 나오기를 기다렸다. 점쟁이는 정성을 다해서 이것저것 맞추어보는 척하였으나, 좋지 않은 궁합 자체의 결과는 중요치 않았다. 청년과 미리 짜놓았던 작전대로 점쟁이는 "궁합이 아주 좋습니다. 당장 결혼을 시켜도 되겠습니다." 하고 말해주었다.

궁합을 보고 온 여성의 어머니는 두 사람의 결혼을 승낙하였고, 얼마 뒤 결혼식을 치른 이 한 쌍은 부부가 되었다.

미신을 믿는 것은 스스로 마음의 병을 불러들이는 격이므로, 미신을 믿고 지키면 마음의 병이 되고, 미신을 믿지 않고 배척하면 약이 된다.

미신! 그것은 한 마디로 알면 병, 모르면 약이다. 또 코에 걸면 코걸이가 되고, 귀에 걸면 귀걸이가 되는 것이 바로 미신이다.

모르면 약이 되고 알면 병이 되는 것이 우리의 마음이다. 아무리 해로운 것이라 할지라도 모르고 지내면 무사히 넘어가나, 일단 알게 되면 그것에 집착한 나머지 견디지 못하고 파경에 이른다. 이것을 가장 강력하게 주도하는 것이 미신인 것이다. 그러므로 미신은 버려야 한다. 그래야 마음의 평화도 얻을 수 있다.

CHAPTER 5

인간사회는
보이지 않는 줄로 맺어져 있다

유익한 벗이 셋 있고 해로운 벗이 셋 있느니라.
곧은 사람과 신용이 있는 사람과 견문이 넓은 사람을 벗으로 사귀면 유익하며,
편벽된 사람과 아첨하는 사람과 간사한 사람을 벗으로 사귀면 해로우니라.

- 공자

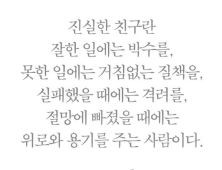

진실한 친구란
잘한 일에는 박수를,
못한 일에는 거침없는 질책을,
실패했을 때에는 격려를,
절망에 빠졌을 때에는
위로와 용기를 주는 사람이다.

자신의 결점을
묻어 두지 마라

"

우리들은 남의 결점은 잘 보면서 자기 자신의 결점은 감추어 둔다. 그리고 사람들은 자기 자신의 결점에 대해선 관대하면서 남의 결점은 용서하지 않으려 한다. —에디슨

"

우리는 남을 보는 망원경을 가지고 있으면서도 자신을 볼 수 있는 돋보기조차도 가지고 있지 않다. 따라서 남을 볼 때 자신의 눈으로만 볼 뿐, 타인의 입장에 서서 객관적으로 보지를 않는다. 이것이 바로 우리들의 모순이다.

초등학교 교실에서의 일이다. 수업을 시작할 시간이 되었는데도 학생들은 계속해서 떠들었다. 한참 동안을 바라보고 계시던 선생님은 학생들에게 눈을 감게 했다. 눈을 뜨는 사람은 따로 벌을 준다는 경고도 덧붙였다. 눈을 감게 했더니 교실은 정적이 흘렀다.

눈을 감도록 한 지 5분여가 지났을 때 한 학생이 갑자기 큰소리로 말

했다.

"선생님, 영철이가 눈을 떴습니다."

선생님은 고자질한 학생을 향해 소리쳤다.

"지금 말한 사람 누구야? 일어서 봐!"

그러자 고자질을 하였던 학생이 일어나서는 자신의 결백을 주장했다.

"선생님, 저는 눈 뜨지 않았습니다. 영철이가 눈을 떴습니다. 확실하다
니까요."

선생님이 반문했다.

"그러면 너는 영철이가 눈을 떴는지, 감았는지 어떻게 알았지? 너는
눈을 감고서도 다른 사람이 눈을 떴는지 감았는지 알아내는 초능력을 지
니고 있나 보구나? 네가 먼저 눈을 떴으니까 영철이가 눈뜬 것을 본 것
아니니?"

고자질한 학생은 머리를 긁적이면서 자신의 눈 뜬 사실을 시인할 수밖
에 없었다.

우리들이 범하기 쉬운 잘못 중 하나가 남의 결점은 잘 지적하면서 자신
의 결점에 대해서는 느끼지 못하는 것이다. 이런 과오는 고의적이라기보
다는 자신도 모르는 사이에 저질러지고 있는데, 그것은 남의 결점은 눈에
잘 띄지만 자신의 결점(자신은 옳은 것처럼 착각하고 있는 습성)은 쉽게 눈에 띄
지 않기 때문이다.

이런 과오를 더 이상 범하지 않기 위해서는, 남의 결점만 지적하려고
하는 대신에 자신의 결점을 뽑아내는 데 눈을 더 크게 떠야 한다.

그러면 어떻게 자신의 결점을 볼 수 있는가. 그것은 나의 행동을 남(타인)이라는 거울에 늘 비추어 보는 것이다. 즉 남이 옳지 못하다고 생각되는 행동을 할 때 '나는 지금 저렇게 행동하고 있지는 않은가?' 하고 자신의 행동을 비추어 보는 것이다. 그래서 나의 행동도 그 사람과 똑같다면 그 사람을 꾸짖기 전에 자신을 먼저 꾸짖고 결점을 고쳐야 하는 것이다.

　남에게 결점이라고 지적한 것이 곧 자신의 결점이 될 수도 있음을 항상 잊지 말아야 한다.

　자신의 결점을 묻어두지 마라. 썩은 고름을 놔둔다고 해서 살이 되는 것이 아니므로 아픔을 무릅쓰고서라도 짜내야 하듯이, 결점도 가지고 있어서 이로울 것이 없기 때문에 찾아서 뽑아내야 한다. 그리고 자신에게 결점이 있는 사람이라면 타인의 결점을 지적하고 꾸짖을 자격도 없음을 잊어서는 안 된다.

올바른 칭찬은
사람의 능력을 확장시킨다

"

단 한 사람의 갈채가 중요한 결과를 낳는다. —S. 존슨—그러나 바보를 칭찬하
는 것은 그의 어리석음에 물을 주는 것이다. —W. G. 베넘—그러므로 값싼 칭
찬은 주지도 말고 받지도 말라. —영국 조지5세 왕

"

나는 했어도 너는 이것은 '할 수 없다', '못한다'라고 속단하여 상대방의
능력을 무시해서는 안 된다. 당신도 처음부터 지금처럼 된 것은 아니었듯
이, 어느 누구나 노력하면 당신처럼 될 수 있는 잠재력(능력)이 있다는 사
실을 인정해 주어야 한다.

안데르센은 동화작가로서 유명하다. 하지만 그가 처음부터 글을 잘 쓴
것은 아니었다. 그가 어려서 처음 글을 썼을 때, 그 글을 읽은 사람들은 모
두가 하나같이 안데르센의 글 솜씨를 인정해 주지 않았을 뿐더러, 오히려
글을 쓰지 않는 것이 좋겠다고 말하는 사람까지 있었다.

그러나 유독 그의 어머니만은 아들에게 글을 잘 썼다고 칭찬을 해주었

다. 그래서 안데르센은 어머니한테 칭찬을 받는 사실이 즐거워서 계속해서 글을 썼고, 그의 어머니도 그때마다 거르지 않고 칭찬을 해 주었다.

그러는 가운데 안데르센의 글 솜씨는 날로 향상되어 갔고, 결국에는 유명한 동화작가가 된 것이다.

안데르센이 오늘날과 같은 유명한 동화작가가 된 것은 바로 어머니의 '칭찬' 때문이었다. 만약 어머니마저 아들의 글을 칭찬해주지 않았더라면 오늘날 동화작가 안데르센은 탄생하지 않았을 것이다.

이처럼 칭찬은 사람에게 의욕을 불어넣어 줌으로써 능력을 확장하도록 하는 후원자 역할을 한다. 그러나 '너는 안 된다', '너는 못 한다'는 무시의 말은 상대방의 기를 꺾어 모든 희망을 빼앗아 버리므로 남한테 함부로 이런 말을 해서 의욕(희망)을 사라지게 해서는 안 된다. 이는 곧 자라나는 새싹의 순을 자르는 것과 다름없는 행위라고 할 수 있다.

특히 하루가 다르게 능력을 확장하고 있는 어린이나 젊은이에게는 위와 같은 말을 절대 해서는 안 되며, 위와 같은 말을 하여 능력을 꺾어 놓기보다는 한마디라도 더 칭찬을 해 주는 것이 바람직하다. 어린이나 젊은이에게 하는 칭찬은 가장 큰 용기와 의욕을 가져다주기 때문에, 전혀 희망이 보이지 않는 일이 아니라면 칭찬을 해주는 데 인색함이 없어야 한다.

처음부터 완벽한 능력을 가지고 태어난 사람은 없다. 이것은 이 세상 모든 사람들에게 있어서의 공통점이다. 처음부터 완벽한 능력이란 신이 아니고서는 불가능하며, 능력을 갈고 닦을 때 비로소 훌륭한 능력으로 발전을 한다. 바로 이 능력을 좌절하지 않게 하고, 아울러 계속해서 갈고 닦도록 후원자 역할을 하는 것이 바로 '칭찬'인 것이다.

칭찬을 아끼지 말라. 돈을 들이지 않고도 돈을 들인 것보다 더 좋은 효과를 발휘하는 것이 바로 칭찬이다. 올바른 칭찬은 사람의 능력을 무한하게 확장시키는 데 결정적인 계기가 된다는 사실을 명심하라.

하찮은 것들로 인해
나의 존재가치가 결정된다

"

소용없거나 미천한 것은 아무것도 없다. 모든 것은 제자리에 있을 때에 가장 좋다. 쓸데없기만 해 보이는 것도 그 밖의 것들을 강화시켜 주고, 뒷받침해 준다.—H. W. 롱펠로우

"

나의 존재는 상대방의 존재로 인하여 더욱 의미가 부여된다. 서로 대비가 됨으로써 우열이 가려지고, 귀한 것과 천한 것이 가려지며, 선과 악이 구별되는 것이다.

넓은 들판에 백조와 타조, 까마귀, 비둘기, 참새 등이 모여 살았는데, 많은 새들 중에서 백조의 아름다움은 확연히 드러났다. 사람들도 새들 중에서 백조가 가장 아름답다고 칭찬을 해 주었다. 백조는 기분이 매우 좋았고 그래서 자신의 아름다움을 마음껏 과시하였다. 그러나 백조의 욕심은 여기서 그치지 않고 '다른 새들이 다른 곳으로 가고 나만 이곳에 남아있으면 사람들은 나를 더 예쁘다고 할 거야'라는 생

각이 들었다.

그래서 백조는 타조, 까마귀, 비둘기, 참새 등 자신보다 못생겼다고 생각되는 새들을 귀찮게 굴면서 다른 곳으로 가라고 했다. 백조의 성화에 못 이겨 다른 새들은 하나 둘 떠나기 시작했고, 결국 모든 새들이 떠나고 백조만 남게 되었다. 백조는 사람들로부터 사랑을 받기 위해서 자신의 몸매를 더 우아하게 꾸몄으나, 이상하게도 사람들은 자신을 예쁘다고 칭찬해 주지 않았다.

이유는 간단했다. 다른 못생긴 새들이 있을 때는 백조의 아름다움이 드러나 보였기 때문에 백조를 아름답다고 칭찬하였으나, 다른 새들이 모두 떠나가고 백조만 남게 되자, 백조의 아름다움은 옛날처럼 드러나 보이지 않았기 때문에 사람들은 굳이 백조에게 아름답다고 칭찬해주지 않았던 것이다.

명언만 모아 놓으면 어떤 말이 좋은 줄을 모르고, 잘생긴 사람만 있으면 어떤 사람이 잘생겼는지 모르며, 맛있는 반찬만 있으면 어떤 반찬이 맛있는 것인지 모른다.

또한 한 가지 색깔만 있으면 그 색깔이 아름다운 색깔인지를 모른다. 아니 모르는 것이 아니라 느끼지 못하는 것이다.

평범한 말이 있으므로 해서 명언이 나오는 것이고, 못생긴 사람이 있으므로 해서 잘생긴 사람이 드러나 보이는 것이며, 맛없는 반찬들이 있으므로 해서 맛있는 음식이 나오는 것이고, 다른 여러 가지 색깔들이 있으므로 해서 아름다운 색깔이 드러나는 것이다. 그러므로 하찮은 존재라 하여 무시를 해서는 안 된다. 그 하찮은 것들로 인하여 나의 존재가치가 결정되기 때문이다.

좋은 친구가 있으면
인생살이가 수월해진다

"

여름에는 제비가 가까이 있고, 추운 곳에서는 달아나 버린다. 이처럼 거짓 친구는 인생의 맑은 날씨에는 가까이 있으나, 불운의 겨울을 보면 그들은 달아나 버린다.─키케로─따라서 아무짝에도 쓸모없는 친구보다, 단 한 명의 가치 있는 친구를 갖는 것이 더 낫다.─아나르카르시스

"

친구를 사귈 때는 나보다 나은 자를 사귀어야 한다. 나보다 나은 자를 사귀다 보면 나도 모르는 사이 그 사람을 닮게 된다. 반대로 나보다 못한 사람을 사귀다 보면, 나도 모르는 사이 그 사람과 같은 수준이 되어 버린다. 이처럼 사귀는 친구의 수준에 따라서 나의 수준도 올라가고 내려가고 하는 것이다.

결혼한 지 10년이 넘도록 아이를 갖지 못한 부부가 있었다. 이들 부부는 그동안 아이를 갖기 위하여 온갖 노력을 다했다. 좋다는 약도 먹어 보았고, 병원에 가서 검사도 받아 보았으며, 100일기도도 해봤지만, 모두 소용이 없었다. 그래서 이들 부부는 아이 가지는 것을 포기하고 입양을 하

기로 결심하였고, 며칠 후 입양원에서 출생 3개월 된 예쁜 여자아이를 데리고 왔다. 아이를 데려오자마자 이 부부는 귀한 보물이라도 얻은 양, 아이에게 온갖 정성과 사랑을 쏟으며 행복해 했다.

그런데 아이를 데려오고 나서 1년 정도 지났을 때 부인에게 임신의 증세가 나타났다. 검사 결과 임신이 확인되자, 이들 부부는 고민에 빠지기 시작했다. 데려온 아이를 계속해서 키울 것인가에 대한 문제를 놓고 고심을 하게 된 것이다. 고심 끝에 아이를 다시 되돌려주기로 결심한 이들 부부는 아이를 데리고 입양원을 찾아갔다. 그러나 입양원에서 이를 순순히 받아줄 리가 있겠는가! 그리고 도덕적으로나 윤리적으로도 어떻게 이런 행동이 용납될 수가 있겠는가!

간사한 행동을 생각하는 이들 부부처럼 친구를 사귐에 있어서도 간사한 행동을 하는 사람이 있다. 그러나 내가 어떠한 사람이 된다 해도 변하지 않고 나의 동반자가 되어주는 사람을 친구로 사귀어야 한다.

목이 마를 때만 와서 우물을 찾는 사람처럼 친구를 자기가 필요할 때만 실컷 이용해먹고, 더 이상 이용할 가치가 없다고 판단되면 배신하고 돌아서는 사람이 있는데, 우리는 바로 이러한 사람을 경계하고 친구로 사귀어서는 안 된다. 단열시설이 잘된 집처럼 외부의 변화에 쉽게 동요되지 않고 꾸준하게 마음을 지켜주는 사람이 좋은 사람이고 바로 이러한 사람을 친구로 사귀어야 하는 것이다.

인생을 살아감에 있어서 좋은 친구가 있으면 인생은 그만큼 수월해진다. 마치 수레를 혼자서 끌고 가면 힘이 들지만, 뒤에서 밀어주는 사람이 있으면 한결 수월한 것처럼 말이다. 그렇다고 분별없이 자신보다 못한 친구를 사귀어서는 안 된다. 자신보다 못한 친구를 사귀게 되면 인생이 수월해지는 것이 아니라, 오히려 인생이 뒤바뀔 가능성도 있으므로 되도록이면 자신보다 나은 사람을 사귀어야 하는 것이다.

어리석은 사람은 친구를 사귐에 있어서 자기보다 나은 사람을 사귀려고 하는 것이 아니라, 그 반대의 사람 즉, 자기가 마음대로 이용할 수 있는 사람, 또 자기보다는 좀 어수룩한 사람을 친구로 삼으려고 한다. 그러나 이것은 얼마나 위험한 발상인가. 이러한 발상은 결국 자신의 존재가치를 떨어뜨리는 결과를 자초하는 격이 된다.

좋은 친구는 곧 인생의 스승이 된다. 여기서 좋은 친구란 내가 한 가지라도 배울 점이 있는 사람, 나의 장단점을 알고도 감싸줄 줄 아는 사람, 언제라도 뛰어가서 고민을 털어 놓으면 진지하게 받아줄 수 있는 사람, 정직하고 신용이 두터운 사람이다. 또 돈이 많든 적든, 지위가 높든 낮든 상관없이 인간 행실이 바르고 남으로부터 좋은 평가를 받는 사람이다.

모범을 보이지 않은 타이름은
불신을 가져온다

문제성이 많은 사람이 다른 사람한테는 바르게 행동하라고 타이르는 것은 휘어진 못을 박으면서 반듯하게 들어가기를 바라는 것과 다를 게 없다. 따라서 그 타이름은 아무런 실효성을 거둘 수 없을 뿐만 아니라 결국 비웃음만 사게 된다.

엄마와 아이가 손을 잡고 횡단보도 앞에 서 있었다. 신호등은 빨간불이었으나 차가 별로 지나다니지 않자 엄마는 재빨리 아이의 손을 잡고 횡단보도를 건너면서 말했다.

"엄마하고 같이 건널 때는 빨간불일 때도 갈 수 있지만, 너 혼자 건널 때는 빨간불이 켜져 있으면 절대 건너서는 안 된다. 파란불이 켜져 있을 때만 건너가야 되는 거야. 알았지?"

아이가 엄마의 얼굴을 쳐다보며 힘없이 대답했다.

"네."

엄마의 이율배반적인 행위에 대해 아이는 무엇을 배우고 느낄까. 대답은 했지만 가치관의 혼동을 느낄 수밖에 없을 것이다.

만약 이 아이가 동생과 손을 잡고 빨간 신호등이 켜져 있을 때 횡단보도를 건너면서 "오빠랑 손잡고 건널 때는 빨간 신호등일 때도 괜찮지만 너 혼자 건널 때는 빨간 신호등일 때는 안 된다."라고 하지 않으리라고 어떻게 보장하겠는가! 이 경우에 아이에게 올바르게 교육시키기 위해서는 기다렸다가 파란 신호등이 켜졌을 때 건너면서 "반드시 파란불이 켜졌을 때만 건너야 한다."라고 가르쳤어야 하고, 이렇게 가르칠 때 가치관의 혼동은 일어나지 않는다.

못을 박을 때 곧은 못을 박아야 반듯하게 들어가듯이, 자신이 먼저 바른 행동을 하고 다른 사람에게 그렇게 행동하라고 타일러야 그 효과를 볼 수 있는 것이다. 자신은 바르게 행동하지 못하면서 남한테는 바르게 살라고 하는 것은 휘어진 못을 박으면서 반듯하게 들어가기를 바라는 것과 다를 것이 없다.

자신이 모범을 보일 수 없다면 다른 사람을 타이르지 말아야 한다. 먼저 모범을 보이지 않고 타이르게 되면 오히려 타이르지 않았을 때보다도 더 불신하는 결과를 가져오기 때문이다. 자신은 아무 곳에나 휴지를 버리면서 아이에게는 꼭 휴지통에다 버리라고 한다든가, 부모들은 틈만 나면 싸우면서 자녀들한테는 사이좋게 지내라고 한다든가, 자신은 매일 같이 지각을 하면서 다른 직원들한테는 일찍 출근하라고 잔소리를 해대는 것은 어미 게가 새끼 게한테 옆으로 걷지 말고 바르게 걸으라고 가르치는 것과 같은 것이다.

상대방을 기쁨으로 인도하면
신임을 얻는다

"

사람을 움직이는 일에는 상대가 바라는 것을 주는 것이 유일한 방법이다.—
D. 카네기

"

사회에서 성공하기 위해서는 남으로부터 좋은 평가를 받아 두터운 신임
을 얻어 놓아야 한다. 남으로부터 좋은 평가를 받는 방법 중의 하나가 상
대방을 기쁨으로 인도하는 것이다. 상대방의 마음을 불쾌하게 만들어 놓
고 그 사람으로부터 좋은 평가를 받기란 하늘에 있는 별을 따는 것보다
더 힘든 것이다.

깊은 산속에 호랑이, 곰, 토끼들이 서로 싸우지 않고 친구처럼 지내고
있었다. 이들 세 동물들은 경사가 있을 때면 모든 친구들을 불러서 잔치
를 하였는데, 어느 날 토끼의 생일이 되어 잔치를 벌이게 되었다. 초대받
은 호랑이와 곰들은 자기들 끼리끼리 둥근 식탁에 둘러앉아 있었다. 식탁

위에 음식들이 차려진 다음에 숟가락과 젓가락이 나왔는데, 그 길이가 1 미터나 되었다. 생일을 맞은 토끼는 촛불을 끄고 케이크를 자른 다음 식 사를 시작하라고 권하였다. 성질이 급한 호랑이들은 말이 떨어지기가 무 섭게 숟가락을 들고 음식을 떠서 자신의 입으로 가져가기 위해서 모두가 애를 썼으나 숟가락의 길이가 너무 길었기 때문에 음식을 바닥에 떨어뜨 리고 먹지 못하였다. 이에 반해 성질이 느긋한 곰들은 자신의 맞은편에 앉아 있는 곰에게 서로 떠 먹여주면서 맛있게 먹고 있었다.

사회생활을 하면서도 마찬가지이다. 제일 먼저 가져야 할 태도는 상대방 을 기쁘게 해 주어야 한다는 것이다. 내가 먼저 상대방을 기쁘게 해 줄 때 상대방도 나를 기쁘게 해 주는 것이다.

혹자는 마음에도 없이 상대방을 기쁘게 만들려는 태도는 교활한 방법 이라고 말할지도 모른다. 그러나 이렇게 하는 사람이 오히려 원만한 인간 관계를 유지할 수 있다고 생각한다. 사회에서 성공하기 위해서는 남으로 부터 신임을 얻는 것, 즉 남으로부터 좋은 평가를 받아야 한다. 상대방의 마음을 불쾌하게 만들어 놓고 그 사람으로부터 좋은 평가를 받기를 원하 는 것은 스위치도 켜지 않고 텔레비전 화면이 나오기를 기다리는 것이나 다름없다.

곡식도 정성을 기울여 가꾸지 않으면 열매를 맺어주지 않는데, 하물며 이성을 가진 인간이 상대방에게 정성을 기울이지도 않고 그 사람으로부 터 좋은 신임을 얻는다는 것은 상상할 수도 없는 노릇이다. 따라서 상대 방으로부터 두터운 신임을 얻기 위해서는 먼저 상대방에게 정성을 다해서 기쁨으로 인도하는 방법을 잘 터득해야 한다. 그렇게 할 때 사회생활이 순조로워지는 것이다.

나쁜 친구와의 절교는
자신을 지켜내는 것이다

"

만일 자기보다 못한 사람을 벗으로 사귀면 이로움이 없을 뿐 아니라 도리어
해가 된다.—이언적

"

친구가 나쁘다고 인식되었으면 빨리 절교해야 한다. 나쁜 친구와 절교하
는 것은 우정을 깨는 것이 아니라, 자기 자신을 나쁜 친구로부터 지키는
것이다.

얼마 전에 고등학교 동창생을 만났다. 그 동창생은 고교 1학년 때까지
는 꽤 공부도 잘하는 우등생이었다. 그러나 그는 2학년에 올라가 반이 바
뀌면서부터 불량스런 아이들과 사귀기 시작하였다. 그 뒤로부터 그의 성
적은 점점 떨어졌고, 행동도 점점 불량스러워져 갔다.

그는 고등학교 2, 3학년을 공부보다는 약한 학생들 위에 군림하는 것
을 즐거움으로 삼고 학교생활을 하였고, 그렇게 허송세월을 보내다가 고

등학교를 마쳤다. 결국 그는 대학에 진학하지 못했고, 어느 작은 회사에 취직을 하였다.

10년이 지난 지금에 와서 그 동창생은 이렇게 하소연을 늘어놓았다.

"내가 왜 고등학교 때 그 친구들(불량 학생)을 사귀어 공부를 하지 않았는지 후회스럽다. 그리고 우리 부모님은 나를 두들겨 패서라도 나쁜 친구들과 어울리지 못하게 하고 공부하도록 하지 않았는지 원망스럽다. 우리회사에 대학을 나온 어린 후배들이 있는데 나보다도 더 높은 직책에 있다. 나는 단지 학력 때문에 승진은 말할 것도 없고 이것저것 불이익을 당한 일이 허다하다. 삶에 대한 의욕을 잃을 때가 한두 번이 아니다. 한 순간의 잘못된 행동이 나의 앞길을 이렇게 가로막을 줄은 미처 몰랐다."

우리는 흔히 친구끼리는 사이좋게 지내고 되도록이면 절교하지 말라고한다. 이런 충고는 좋은 친구를 사귀고 있을 때는 타당한 말이나, 나쁜 친구를 사귀고 있을 때는 타당한 말이 아니다.

그러므로 내가 사귀는 친구가 정말 나쁘다는 것을 알아챘으면 빨리 절교하는 것이 현명한 방법이다. '친구 따라 강남 간다'는 말이 있듯이, 나쁜 친구를 자꾸 만나다 보면 자신도 모르는 사이에 친구의 나쁜 버릇이나, 나쁜 행동에 물들어 버린다.

사람은 교육을 통해서도 배우지만, 그것은 생활의 일부분이며, 진정한 삶의 방식은 주위 사람들(가족, 가깝게 지내는 이웃들, 자신이 존경하는 사람, 친구등등)의 생활태도나 방식을 모방하면서 배운다.

그 중에서도 특히 친구의 영향은 대단히 크다. 맹자의 어머니가 아들의 교육을 위해서 세 번이나 이사를 했다는 이야기는 주위의 환경이 사람에게 미치는 영향이 얼마나 큰가를 일깨워 주는 단적인 예라 하겠다.

인간은 좋은 것은 쉽게 닮으려고 하지 않는 반면에, 나쁜 것은 쉽게 옮아 버리는 이율배반적인 특성을 가지고 있다. 그러므로 친구가 나쁘다고 인식되었으면 나는 절대 그 나쁜 버릇을 닮지 않는다고 장담하지 말고 과감하게 절교하여야 한다. 그 길만이 자신을 지키고 비행으로부터 벗어나는 최선의 방법이다.

가장 적은 결점으로 둘러싸인 자가
가장 훌륭한 사람이다

> **"**
>
> 결점 없이 태어난 사람은 없다. 가장 적은 결점으로 둘러싸인 자가 가장 훌륭
> 할 뿐이다. ―호라티우스―따라서 인간을 위대하게도 만들고 비소하게 만들
> 기도 하는 것은 그 사람의 뜻이다. ―실리
>
> **"**

모든 사람에게는 똑같이 약점과 허술함이 있다. 이것을 얼마나 잘 조정하
여 행동하느냐에 따라서 약점이 크게 보이거나 작게 보이는 것이다.

결혼한 지 10년 된 부부가 그동안 고생고생해서 모은 돈을 가지고 집
을 한 채 사기 위해서 이 집 저 집을 보고 다녔다. 어렵게 벌어서 모아둔
돈이었기 때문에 쉽게 집을 살 수가 없어서, 며칠을 두고 꼼꼼하게 보고
다녔다.

이렇게 집을 보러 다니는 가운데 이들 부부는 갖가지 집안 풍경을 볼
수 있었다. 어떤 집은 세간들이 정돈되어 있지 않아서 혼란스러운가 하
면, 어떤 집은 깨끗하게 정돈되어 있었다.

그 중 한 집에 들어갔을 때 집안이 매우 깨끗하게 정돈되어 있어서 일단 보기에 좋았다. 부부는 사람 사는 곳엔 많은 세간들이 필요하고 그에 따라 집이 너저분해지기도 하는데, 어떻게 하면 이렇게 깨끗하게 정돈하고 살까 하고 부러워했다. 집을 둘러보는 가운데 부엌 위에 다락방이 하나 있었다. 그래서 다락방 문을 열어 보았더니, 그곳에서는 귀신이 곧 나올 것만 같았다. 불필요하거나 쓰지 않는 물건들은 모두 다락방에 넣어 놓은 것 같았다.

이들 부부는 다른 집들에 비해서 그 집이 그만큼 깨끗할 수 있었던 이유는 바로 다락방이 있었기 때문이라는 것을 눈치 챌 수 있었다.

쓸모없는 물건들은 모두 다락방에 감추거나 버리고, 꼭 필요한 물건만 꺼내 놓고 사용하면 집안을 깨끗하게 꾸며 놓고 살 수 있다. 그러나 필요하나 필요하지 않으나 모든 물건들이 집안 전체에서 뒹굴어 다니면 지저분하고 어수선할 수밖에 없다.

우리들의 행동 또한 이와 마찬가지이다. 자신이 가진 약점은 마음속 깊이 묻어두고, 또 좋지 않은 행동은 아예 버려서 좋은 행동만을 하게 되면, 타인들로부터 칭찬을 받기도 하고 존경을 받기도 한다.

그러나 좋은 행동이나, 좋지 않은 행동을 뒤죽박죽 섞어서 하게 되면 행동이 불량스럽게 되거나 타인들로부터 눈총을 받게 되는 것이다.

사람에게는 모두가 하나같이 장점도 있는 반면 약점도 있고, 바른 면도 있지만 그른 면도 있다.

우리는 종종 법이 없어도 살아갈 사람이라고 생각했던 자가 어느 날 갑자기 입에 담지 못할 욕설을 퍼부으면서 다투는 것을 목격할 수 있다. 이것은 바로 묻어 두었던 좋지 못한 성질이 격분함으로 인해서 발설되었기 때문이다.

아무리 인자한 사람이라 할지라도 성질 없는 사람 없고, 상스런 말을 못할 사람도 없다. 다만 마음을 잘 다스려 그것을 묻어 두느냐 표출하느냐에 따라 인자한 사람이 될 수도 있고, 난폭한 사람이 될 수도 있는 것이다.

이처럼 사람은 양면적인 성격을 가지고 있다. 그러므로 누가 더 조정을 잘하여 나쁜 행실은 뒤로 돌리고 좋은 행실은 드러내서 행동하느냐에 따라 그 사람의 인격이 결정되는 것이다.

뿌린 대로 거두는 것이
인생의 진리이다

"

사람들은 행복과 불행은 모두 운명에 달렸다고 생각한다. 그러나 실제로 운명은 우리들을 행복하게 만들지 않는다. 운명이란 우리들에게 그 기회와 재료와 씨를 제공할 뿐이다.—몽테뉴

"

물이 필요하지 않다고 해서 우물을 파지 않고 있다가, 물이 급히 필요하게 되어서야 우물을 파기 시작하는 사람보다는, 물이 지금 당장 필요하지는 않더라도 평소에 우물을 파 놓는 사람이 현명한 사람이고, 언젠가는 그 우물의 혜택을 받게 된다.

우리는 1992년 4월에 미국 로스앤젤레스에서 발생한 흑인 폭동 사건을 생생하게 기억하고 있다. 폭동의 원인은 과속으로 붙잡힌 흑인을 무단 구타한 경찰관들에 대한 백인 배심원들의 무죄 평결 때문이었고, 이에 분노하여 흑인들이 일으킨 폭동이었다.

이처럼 원인은 흑인과 백인 사이에서 일어났는데 그 불똥은 엉뚱하게

도 우리 한인들에게 떨어졌다. 흑백 간의 갈등이 한국인과 흑인 간의 갈등으로 변하여 우리 교포들이 백인들의 희생양이 되어 피해를 당한 것이다. 한인들의 가게가 무참하게 약탈당하고, 불에 타서 머나먼 이국땅에 가서 몇 년 또는 몇 수십 년 동안 공들여 쌓아놓은 땀이 하루아침에 잿더미로 변해 버린 것이다.

이렇게 우리 교민들의 가게가 약탈당하고, 방화로 잿더미가 되는 가운데서도 유독 한 가게만은 흑인들이 목숨을 걸고 무사하게 지켜주었다고 해서 화제가 되었다.

흑인들이 그 가게를 지켜준 것은, 그 가게 주인이 평소에 흑인들과 쌓아놓은 신뢰 때문이었다. 한 예를 들자면, 그 가게에서 근무하다가 사망한 흑인 점원이 있었는데, 그 가게 주인은 비용 일체를 부담하여 장례를 치러 주는 일이 있었다고 한다.

이러한 미담 등에 대한 소문이 퍼지자 그 주위의 흑인들은 그 가게에 대하여 좋은 이미지를 갖게 되었고, 그때 그 폭동으로 다른 한인 가게가 약탈당하거나 잿더미로 변해가는 가운데서도, 흑인들이 자발적으로 나와서 밤낮으로 그 가게 주위를 에워싸고 지켜주었다는 것이다.

사람들이 사는 곳에는 어디에나 기본적인 도덕이 있는 것처럼, 장사를 하는 데도 상도덕이란 것이 있다. 이 도리(상도덕)를 무시하고 지키지 않게 되면 반드시 그만큼 응분의 대가를 받게 되는 법이다.

종업원을 인격적으로 대하지 않고 단지 월급을 주고 일이나 부려먹는 기계로만 생각한다든가, 소비자들을 단지 내 주머니를 배부르게 만들어

주는 사람이라고만 생각한다면 이것은 큰 잘못이다. 내가 그 사람들로 인해서 돈을 벌었으면 그만큼 그 사람들을 위하여 베풀어야 하는 것으로, 이것이 장사를 해서 먹고 사는 사람들의 도리이다.

사람은 은혜를 베풀어 놓으면 언젠가는 반드시 알게 모르게 그 대가를 받게 되며, 아무리 하찮은 사람일지라도 은혜를 베풀어 놓으면 언젠가는 반드시 그만한 대가를 받게 된다.

그러나 하찮고 지금 당장 필요 없는 사람이라고 하여 함부로 대하고 또 무례하게 대하면, 언제 터질지 모르는 시한폭탄을 만들어 놓는 것이나 다름없다. 따라서 그 시한폭탄은 언젠가는 반드시 터지게 된다. 이것은 불변의 진리이다. '뿌린 대로 거둔다'는 옛말이 있는 것처럼, 사람도 자신이 뿌린 대로(행동한 대로) 다시 거두어 들이게 되는 것이다.

진정한 친구일수록
어려울 때 더 가까이 한다

"

궁핍할 때 돕는 친구가 진정한 친구이다.—H. 그레이브즈—그리고 진정한 그대의 친구라면 그대가 필요할 때 그대를 도울 것이다.—R. 반필드

"

인생을 살아가면서 진정한 인간관계가 성립되느냐, 성립되지 않느냐는 상대방이 위기에 처해있을 때 내가 어떻게 행동하느냐에 따라서 좌우된다.

시골에 살면서 항상 붙어 다니는 두 청년이 있었다. 이들은 날마다 깊은 산속으로 나무를 하러 다녔다. 산속에는 산짐승이 우글거리고 있어서 매우 위험했으므로 둘은 "우리는 어떠한 짐승이 나타난다 해도 도망가지 말고 둘이 똘똘 뭉쳐서 짐승들을 물리치자."라고 굳게 약속을 했다.

어느 날 늑대 한 마리가 나타나 이들에게 달려들었다. 두 사람은 약속한대로 합심하여 늑대를 죽였다. 늑대를 죽인 며칠 뒤에 이번에는 멧돼지

가 나타나 이들을 공격하였다. 이번에도 두 사람은 똘똘 뭉쳐 멧돼지를 물리쳤다. 이렇게 짐승들을 물리치는 가운데 두 청년의 의리는 더욱더 굳어졌다.

그러던 어느 날 이들이 높은 산에 올라가서 정신없이 나무를 하고 있는데 황소만한 호랑이 한 마리가 자신들을 향하여 걸어오고 있는 것을 한 청년이 먼저 발견하였다. 그 청년은 호랑이가 자신들을 향하여 오고 있다는 사실을 옆의 친구에게는 알리지도 않은 채 살며시 빠져나와 쏜살같이 도망쳐 내려왔다.

먼저 도망쳐 온 청년은 한 참 후에야 내려온 친구에게 "너, 호랑이를 보지 않았니?" 하고 물어보았다. 그러자 친구가 "보았지." 하고 대답했다. 청년은 의아한 듯이 "그런데 어떻게 살아왔니?" 하고 물었다. "응, 호랑이가 나를 보고 쏜살같이 도망쳐 내려가더군. 나는 지금까지 호랑이를 옆에 데리고 다녔는데 오늘 그 호랑이가 내게로부터 자연히 떠나가더군. 이제 나는 호랑이한테 물릴 염려가 없어졌어. 너나 조심해."라고 말한 다음 총총걸음으로 자기 집으로 가 버렸다.

사람은 위기에 처하게 되면 심리적으로 불안감과 더불어 위축감을 느끼게 되고, 남의 도움을 그 어느 때보다도 더 기대하려고 한다. 따라서 위기에 처해 있는 사람을 옆에서 위로해 주고 용기를 북돋아 주게 되면 위기에 처해 있는 사람은 힘을 얻어서 위기를 수월히 극복하게 된다.

그러나 위기에 처해 있을 때 '나는 모른다'라며 관심도 갖지 않거나, 또는 오히려 '잘됐다'라고 하면서 비아냥거리거나 무시를 하게 되면 그 인간관계는 영원히 구제될 수 없는 적대관계로 치닫게 된다.

우리는 주위에서 간사한 행동을 하는 자들을 종종 볼 수 있다. 권력이 있을 때는 머리가 땅에 닿도록 조아리고 쓸개까지 빼줄 듯이 하다가도, 막상 권력이 없어지거나 약해지면 내가 언제 그랬느냐는 등의 배신을 하는 사람이 있다. 또 친구 사이에서도 돈이 많을 때는 졸졸 따라다니다가도 돈이 떨어져 초라한 신세가 되면, 자신이 도와 줄 형편이 되는데도 불구하고 아예 만나기를 피하는 친구가 있다.

사랑하는 사이에 있어서도 상대방이 위기에 처해 있을 때 옆에서 평소보다도 더 신경을 써 주고 용기를 불어넣어 주는 동반자가 있는 반면, 자신의 욕심 채우기에만 급급하여 미련 없이 떠나가는 사람이 있다.

그러나 사람이 위기에 처해 있다고 해서 배신하는 것은 전체의 인생을 놓고 보았을 때 바람직한 일이 못된다. 왜냐하면 위기는 극복하면 원상으로 회복될 수 있으나, 위기에 처해 있을 때 손상된 인간관계는 아무리 노력을 한다 해도 원상으로 돌려지지 않기 때문이다.

한 치 앞을 내다볼 수 없는 것이 우리의 인생살이다. 오늘 위기에 처해 있다가도 내일 더 좋은 상황으로 변할 수 있는 것이 인생이며, 오늘 위기에 처해 있지 않더라도 내일 위기에 처할 가능성을 배제할 수 없는 것이 우리의 인생인 것이다. 그래서 인생이란 '새옹지마 ; 인생의 길·흉·화·복은 늘 바뀌어 변화가 많으므로 예측할 수 없다'라고 하지 않았는가.

따라서 인생을 엮어 나갈 때 일정한 부분에 얽매여 소인배 같은 행동을 하기보다는, 인생 전체를 보고 크게 행동하는 대인(大人)이 되어야 한다. 그러므로 상대방이 위기에 처해 있으면 그때만을 생각해서 나에게 이로운 존재가 아니라고 단정 짓고 배신하기에 앞서, 평소보다도 더 신경을 써주어야 하며, 그럴 때 진정한 인간관계가 성립된다.

진정한 사랑도, 진정한 우정도, 그리고 진정한 인간관계도 평소보다는 위기에 처해 있을 때 더 도와주고 위로를 해 줄 때 이루어지는 법이다.

어설픈 처방은
오히려 면역만을 길러준다

"

난폭한 짐승도, 배회하는 새도, 똑같은 덫이나 그물에 두 번 걸리지는 않는
다. ─성 제롬

"

최대의 효과를 얻으려면 최선의 처방이라 할지라도 남발하지 말고 결정
적인 순간에 사용하여야 한다. 아무리 좋은 처방이라도 남발하게 되면 그
효과는 점점 상실된다.

농부에게 참새는 적이다. 애써 지어놓은 농사에 참새가 왔다 가면 쭉
정이만 남는다. 그래서 농민들은 해마다 벼가 익을 무렵에는 참새를 쫓기
위해 갖가지 수단을 동원한다. 가장 좋은 수단은 사람이 농작물 옆에 지
켜 서서 꽹과리, 징, 냄비 등을 두들기며 참새를 쫓는 것이다. 그러나 일손
이 부족한 농촌의 현실에서 이 방법은 권장할 수 없다. 그래서 등장한 것
이 바로 허수아비다. 사람의 형상을 만들어 놓음으로써 참새가 접근하지

못하도록 하는 방법인데, 허수아비가 처음 등장하였을 때는 매우 효과적이어서 허수아비가 서 있는 곳에는 참새가 가지를 않았다. 그러나 이것도 얼마 가지 않아 말 그대로 참새도 쫓지 못하는 허수아비가 되어 버렸다. 오히려 참새들은 허수아비를 비웃기라도 하듯 허수아비에 앉아서 여유를 부리는 판국이 되어 버렸다. 그래서 그 다음 방법으로 등장한 것이 논둑에다 말뚝을 박고 반짝이 줄을 쳐 놓은 것이다. 바람이 불 때마다 줄이 흔들리면서 반짝거려 참새들이 겁을 먹고 접근하지 못하게 하는 방법이다. 이 방법도 처음에는 효과가 있었으나, 허수아비와 마찬가지로 시간이 흐름에 따라 효과가 없어졌다.

매의 효과가 좋다고 해서 매를 너무 자주 들게 되면 매의 효력은 점점 퇴색되어져 간다. 마찬가지로 욕설을 자주하게 되면 욕설의 위력이 점점 상실되고, 아무리 좋은 말이라고 해도 너무 많이 하면 핵심이 흐려진다.

또한 성질을 자주 부리면 성질에 대한 두려움의 효력이 점점 퇴색되어 간다. 진통제도 가끔씩 먹어야 효력이 있는 것이지, 밥 먹듯이 매일 먹게 되면 나중에는 효력이 없어져서 한 알만 먹으면 될 것이, 나중에는 두 알을 먹어야 효과가 있다.

왜 이렇게 효력이 점점 상실되어 가는가? 그것은 행위가 반복되어 감에 따라 중독이 되기 때문이다. 즉 반복된 행위가 있음으로써 그 행위에 대한 대처능력이 생기기 때문이다. 그러므로 좋은 처방일수록 숨겨두었다가 결정적인 순간에 사용하여야 최대의 효과를 거둘 수 있다. 아울러 어설픈 처방은 그것에 대한 면역을 길러주기 때문에 사용하지 말아야 한다.

남을 비판하기에 앞서
그 사람의 개성을 존중하라

"

남을 그르다고 하는 사람은 반드시 그것에 대신할 것이 있어야 한다. 만일 남을 그르다고 하면서 그것에 대신할 것이 없다면, 비유컨대 그것을 물로써 물을 구하고, 불로써 불을 구하는 것과 같을 것이다. ―묵자

"

모든 사람에게는 장단점이 있어서 장점만 가진 사람도 존재하지 않고 단점만 가진 사람도 존재하지 않는다. 따라서 아무리 보잘 것 없는 사람이라도 최대의 장점은 있으며, 아무리 훌륭한 사람이라 하더라도 최대의 단점이 있는 것이다.

어떤 사람이 버스를 타고 가는 중이었다. 그 사람은 무심코 옆을 바라보다가 옆 사람의 손목시계에 시선이 멈추었다. 그 사람이 차고 있는 시계의 시간이 자기 시계의 시간과 맞지를 않았기 때문이었다. 그래서 그는 옆 사람에게 시간을 다시 맞추라고 친절하게 말해주었다.

"선생님 시계의 시간이 맞지 않은 것 같습니다. 제 시계를 보시고 고치

세요.”

이 말을 들은 옆 사람은 고마운 표정을 지었다.

“아, 그래요. 감사합니다.”

그리고 옆 사람이 시간을 고치려고 시곗줄을 풀었다. 그 순간 라디오에서 시간을 알리는 시보가 들렸는데 옆 사람의 시계는 정확히 맞았고 오히려 자신의 시계가 틀린 것이었다.

모든 사람에게는 각자의 개성이 있고, 그에 따라 똑같은 사람은 한 명도 없다. 하다못해 일란성쌍둥이도 성격이 다르다. 그렇기 때문에 사람을 판단할 때 타인과 비교하여 판단하는 것은 엄청난 실수가 아닐 수 없다.

즉 “누구는 이런데 너는 왜 그 모양이냐?” 하면서 비판을 하는 것은 그 사람에 대한 전면적인 모욕이 되는 것이다. 이 세상에 완벽한 사람이 존재한다면 그 사람에 비교하여 좋고 나쁨을 판단할 수 있을 것이나, 이 세상엔 아직까지 완벽한 사람이란 한 명도 존재하지 않으며, 따라서 비교 판단하는 것 자체가 모순이다.

사람의 겉모습은 그야말로 천차만별이다. 겉모습도 이렇게 다른데 그 속에 있는 사고방식이야 얼마나 다르겠는가.

각각의 사람에게는 누구도 모방할 수 없는 특유의 개성이 있다. 그러므로 우리는 남을 비판하기에 앞서 그 사람의 개성을 존중해 주어야 하며, 그 사람도 그 사람만이 가질 수 있는 최대의 장점이 있다는 사실을 인정해 주어야 한다.

만약 남이 당신을 인정해 주지 않는다면 당신은 화를 낼 것이다. 다른 모든 사람도 마찬가지며, 남으로부터 좋은 평가를 받기 원하고, 개성이 존중되기를 원하는 것이 모든 사람들의 공통된 사고방식인 것이다.

우리들은 각자가 옳다고 생각되는 일에 노력을 하며 살아가고 있다. 따라서 상대방이 내 마음에 들지 않는다고 하여, 또 내 생각과 다르다고 하여 상대방을 비웃거나 비판을 해서는 안 된다. 내가 생각하기엔 잘못된 것 같아도 상대방의 입장에서 보면 잘된 일이 있는 것이고, 내가 판단한 것이 옳다고 생각할 수도 있으나, 상대방의 입장에서 보면 옳지 못한 일이 있을 수 있으며, 상대방보다도 자신에게 더 문제가 있을 수도 있는 것이다.

체면은 사람의 주관을 흐려놓는 마력이 있다

"

학문을 좋아하는 사람과 함께 가면 마치 안개 속을 가는 것 같아서, 옷이 비록 젖지는 않더라도 때때로 물기의 베어듦이 있고, 무식한 사람과 함께 가면 마치 뒷간에 앉은 것 같아서 옷이 비록 더럽혀지지는 않더라도 때때로 그 냄새가 맡아진다. ─공자

"

나쁜 친구와 사귄다고 해서 나만은 절대 닮지 않는다고 호언장담하는 것은 어리석은 생각이다. '가랑비에 옷 젖는 줄 모른다'는 속담이 있듯이 나쁜 행동은 자신이 느끼지 못하는 사이에 서서히 닮게 된다.

시골 한 동네에 두 청년이 있었다. 그 중 한 명은 대도시에 있는 고등학교를 어설프게 졸업해서 대학도 진학하지 못하고, 고향으로 내려와서 일은 하지 않고 술이나 마시고 놀러나 다니는 건달이었고, 다른 한 명은 순박하게 농사를 짓고 사는 청년이었다. 그러던 어느 날 밤, 건달 같은 청년은 순박한 청년을 불러내서 같이 놀게 되었고, 그 다음 날부터 둘은 매일 밤을 하루도 빠짐없이 어울려 다녔다.

그런데 그렇게도 순박하던 청년은 날이 가면 갈수록 건달인 친구를 점점 닮아가는 것이었다.

부모에게 순종하고 열심히 농사를 지어오던 청년이 부모에게 대들고, 밤에는 놀러 다니고, 낮에는 일도 하지 않고 잠만 자고, 부모에게 돈만 달라고 떼까지 썼다. 심지어 돈을 주지 않으면 폭력까지 행사할 정도로 건달을 그대로 닮아갔다.

그러한 상태가 오랫동안 지속되더니 두 청년은 순박했던 청년의 부모가 애써 지어놓은 인삼을 몰래 팔아넘기고는 그 돈을 가지고 서울로 도망가고 말았다. 건달 같은 청년이 순박한 청년을 완전히 건달로 만들어 놓은 것이다.

어떤 사람은 자기보다 못한 사람하고 사귀어도 나는 절대 나쁜 행실을 닮지 않는다고 자신 있게 말한다. 그러나 이러한 생각은 위험하며 나쁜 행실은 자신도 모르는 사이에 서서히 닮아간다는 사실을 깨달아야 한다.

화장지나 스펀지의 한쪽 끝을 잉크에 담가 두면, 잉크가 서서히 빨려 들어가는 것을 볼 수 있다. 빨간 잉크에 담그면 화장지나 스펀지는 빨간 색으로 물들어 버리고, 파란 잉크에 담가 놓으면 파란 색으로 물들어 버린다. 이처럼 친구도 자신이 사귀는 상대를 서서히 닮게 된다.

우리나라 사람들은 체면을 중요하게 여겨 남이 부탁했을 때 과감하게 거절하지 못하는 흠이 있는데, 친구 사이에서도 마찬가지다. 친구가 나쁜 일을 하자고 제안하면 체면 때문에 딱 부러지게 거절하지 못하고 구렁이 담 넘어 가듯이 친구의 말에 따라가고 만다. 이렇게 한두 번 친구의 말을 따라가다가 결국에는 친구를 닮게 되는 것이다.

체면은 사람의 주관을 흐려놓는 마력이 있다. 따라서 나의 주관을 똑바로 세우기 위해서는 체면에 얽매이지 말고 소신대로 행동해야 한다. 친구를 사귀는 데도 이 점은 더욱더 요구된다.

여론의 화살은
무적의 초능력을 가지고 있다

"

여론의 흐름에 따르면 모든 것이 쉬워진다. 여론은 세상의 지배자이다. —나
폴레옹

"

원한을 베풀어 놓으면 많은 보호자(경호원)가 필요하다. 그러나 은혜를 베
풀어 놓으면 보호자는 한 사람도 필요치가 않다. 모든 사람들이 보호자가
되어 주기 때문이다.

임기를 마친 대통령이 다음 대통령에게 자리를 물려주고 사저로 돌아
오려고 할 때 새로 취임한 대통령은 전직 대통령을 배웅하면서 인사말을
건넸다.

"그동안 수고 많이 하셨습니다. 이제 편히 쉬십시오. 사저에 경호 인력
을 충분히 배치하도록 하겠습니다."

그러자 전직 대통령은 미소를 지으며 이렇게 말했다.

"무슨 말씀이십니까. 나는 경호원이 필요 없습니다. 나의 경호원은 모든 국민들이 되어 줄 것입니다. 내가 대통령으로 재직하면서 국민을 위해서 올바르게 일을 했다면 모든 국민들이 나를 경호할 것이고, 내가 대통령으로서 국민의 뜻에 따라 국민을 위해서 일하지 않았다면 모든 국민이 나를 외면할 것입니다. 그것은 나의 업보이니 경호원이 무슨 필요가 있겠습니까. 설령 경호원이 있다고 해도 국민의 여론의 화살을 어떻게 피할 수 있겠습니까."

국민을 위해 일한 사람을 누가 해친단 말인가! 은혜를 베푼 자를 누가 해치려고 할 것이며, 인자한 사람을 누가 해친단 말인가! 사랑을 베푼 자를 누가 해치려고 할 것이며, 도움을 준 사람을 누가 해친단 말인가!

경호원을 많이 달라붙게 한다는 것은 내가 그만큼 다른 사람들에게 원한을 살 일을 많이 했다는 증거이다. 그리고 경호원이 아무리 많이 있다고 해도 국민의 여론의 화살은 막을 방법이 없다. 여론의 화살은 방패도 뚫고, 성벽도 뚫는 초능력을 가지고 있는데 무엇으로 이를 막는단 말인가!

인간사회는
보이지 않는 줄로 맺어져 있다

"

모든 사람들과 즐겁게 생활하기 위해서는 자기와 남을 절연시키는 것이 아니라, 자기와 남을 연결시키는 것이 최상이다. —톨스토이

"

뇌물을 듬뿍 준다고 좋은 인간관계가 이루어지는 것이 아니다. 슬플 때는 같이 슬퍼하고, 기쁠 때는 같이 축배를 들며, 외로울 때 곁에서 함께 하는 동반자가 되어 주면서 평소에 상대방에게 관심과 사랑을 베풀 때 진정으로 좋은 인간관계가 이루어지는 것이다.

눈보라가 심하게 몰아치는 길을 가던 사람이 지쳐서 쓰러졌다. 그때 마침 행인 한 사람이 지나가고 있었다. 그래서 쓰러진 사람은 그에게 도와달라고 애원했다. 그러나 행인은 자기 혼자서 가기도 힘이 든데 쓰러진 사람을 데리고 가다가는 자기도 함께 죽을 것이라고 생각되어 그의 애원을 뿌리치고 못 본 척 그냥 가 버렸다.

한참 뒤에 또 다른 행인이 지나가고 있었다. 눈밭에 쓰러져 있던 사람은 다시 살려달라고 애원하였다. 천만다행으로 이 행인은 그냥 지나치지 않고 쓰러진 사람을 부추겨서 함께 갔다.

그런데 처음에 그냥 지나쳤던 행인은 얼마 가지 못하고 쓰러져서 얼어 죽고 말았다. 그러나 쓰러졌던 사람과 그를 부추겨서 같이 간 행인은 무사히 목적지까지 갔다. 둘이 부둥켜안고 갔기 때문에 체온이 유지되어서 얼어 죽지 않고 무사할 수 있었던 것이다.

우리 인간들은 혼자서는 절대 살아갈 수 없다. 아무리 돈이 많다고 하더라도 혼자서는 살아갈 수 없다. 혹자는 돈이 있는데 왜 혼자서 못 살아가느냐고 반문할지도 모른다.

그러나 돈만 있으면 뭐 하는가. 돈이 아무리 많아도 차를 만드는 사람이 없다면 차를 탈 수 없듯이, 다른 사람들이 물건을 만들어 주지 않으면 돈은 무용지물에 불과한 길바닥의 돌과 다를 것이 없다. 따지고 보면 우리 주위에 있는 사람들은 모두가 고마운 사람들이다. 내가 옷을 입을 수 있도록 옷을 만들어 준 재봉사들이, 내가 먹고살 수 있도록 식량을 만들어 주는 농부들이, 따뜻한 보금자리를 만들어 주는 목수들이 모두가 고맙고 소중하다.

인간사회란 여러 사람이 보이지 않는 줄로 맺어져 서로서로 도움을 주고받으면서 살아가고 있다. 우리가 지금 편안하게 하루하루를 살고 있는 것도 타인들의 도움이 있기 때문이며, 우리의 욕구를 충족시키기 위해서도 우리는 타인의 도움을 받지 않으면 안 된다.

이래도 남을 의식하지 않고 세상을 혼자 살아갈 수 있다고 생각하는가!

생각의 그릇을 채우는 지혜

초판 1쇄 인쇄 2020년 10월 15일
초판 1쇄 발행 2020년 10월 19일

지은이 이호현
펴낸이 이태선
펴낸곳 창작시대사

주소 경기도 고양시 덕양구 행주로83번길 51-11 (행주내동)
전화 031-978-5355
팩스 031-973-5385
이메일 changzak@naver.com
등록번호 제2-1150호 (1991년 4월 9일)

ISBN 978-89-7447-234-4   03190